KB110796

차명상학 입문서

지운 · 선업 공저

연꽃호수

茶禪一如

一椀喉潤	차 한 잔에 목을 축이고
乃至七椀	일곱 잔에 이르노라면
兩腋生風	양 겨드랑에 맑은 바람 일어나니
是蓬萊仙	이것이 봉래산 신선 경계
何其淸也	그 얼마나 해맑으며
何其快哉	그 얼마나 통쾌한 일인가
還會識麼	하지만 이를 알고 있는지
茶從心起	차는 마음에서 일어난 것
心外無茶	마음 밖에 차가 없는
眞消息耶	참 소식을….
若能會得	만약 이런 소식을 안다면
頭頭物物	그 모든 존재들이
皆吾一心	모두 나의 한 마음인 것을….
是曰茗禪	이를 茶禪一如라 한다.

茶香清風　　차 향기 맑은 바람은

淨三界熱　　삼계의 번뇌 씻어주고

寂靜淵深　　고요한 명상 삼매로

鑑萬有相　　삼라만상 비춰보네

體用具足　　본체와 묘용 두루 갖추고

心身雙淸　　몸과 마음이 모두 해맑으면

是乃淨土　　이것이 바로 서방정토

極樂何在　　극락이 그 어디에 있을까

是祝是企　　이를 축원하고 이를 바라면서

觀世音佛　　관세음보살!

2019년　2월

慧　炬

사)한국명상지도자협회이사장

차명상학 개론

부제 : **차명상과 차명상코칭**

글 · 지운

연꽃호수

제1장
현대사회와 차명상

산업과 과학의 발달로 인한 경제 발전은 한국사회에 물질적 풍요를 가져옴과 동시에 지나친 경쟁, 물질만능주의, 계층 간의 양극화 등으로 인한 정신적 빈곤도 가져왔다. 정신적 빈곤은 정서불안, 우울증, 사회부적응, 스트레스 등의 정신적 질환을 급증시켰고 이로 인해 정신건강 증진이 현대인들에게 중요한 관심사로 부상하게 되었다. 이러한 사회적인 흐름을 반영하여 탄생한 것이 바로 '웰빙'이다. '웰빙'은 단순히 경제적으로 잘 사는 삶이 아닌, 심신이 건강하여 정신이 풍요롭고 육체가 건전한 삶을 가리킨다. 최근 '명상'에 대한 현대인들의 관심은 웰빙의 추구와 맥을 같이한다. 불과 얼마 전까지만 해도 종교 수행의 하나로 인식되던 명상은 오늘날 웰빙 열풍과 함께 스트레스를 완화하고 정서적 안정감을 가져다주는 정신건강 회복을 위한 대안으로 자리매김하게 되었다. 다양한 명상 중에서도 '차茶명상'은 현대인들이 쉽게 활용할 수 있는 생활 속 명상으로 주목받고 있다. 따라서 이 장에서는 차명상의 개념에 대해서 살펴보고 차명상에 대한 이해를 높인 뒤 현대사회에서 차명상이 가지는 의의와 필요성에 대해 살펴보고자 한다.

1. 차명상에 대한 이해

1) 다도와 선다와 다선

● 차명상에 관해 이야기하기에 앞서 다도茶道, 그리고 선다禪茶와 다선茶禪에 대한 이해가 선행되어야 한다. 다도의 도道는 수단, 방법의 뜻이다. 그래서 다도는 차 마시는 방법, 차의 색과 향과 맛을 보는 방법 등의 뜻이 있다. 그리고 요즘 많이 사용하는 선다禪茶는 전통적으로 내려오는 다선茶禪과 혼동되고 있다. 선다와 다선은 차와 명상이 결합한 단어로, 선다는 다법茶法을 강조하고 다선은 선법禪法을 강조한다. 즉, 선다는 선을 이용하는 '다법'이고 다선은 차를 이용한 '선법'이다. 선다는 차茶가 중심이 되므로 차의 종류, 차를 마시는 순서와 방법 등을 중시하는 반면, 다선은 차茶가 보조적인 역할을 하므로 다법을 중요시하지 않는다. 차명상의 경우 차를 매개로 하는 '명상'이므로 일반적으로 차명상으로 지칭되는 것들은 다선의 다른 이름이다.

다선에서 선禪은 마음의 고요함으로 인해 몸[身]과 입[口] 그리고 뜻[意]이 고요한 것을 의미하며, 이는 사마타와 위빠사나에서 벗어나지 않는다. 사마타는 지止로 번역되며 한 가지 대상[무상無相이라는 본질]에 마음을 집중할 때 생각의 흐름이 멈춰 마음이 고요해지는 것을 뜻하고, 위빠사나는 관觀으로 번역되며 심신에서 일어나는 모든 현상을 원인과 조건(인과 연)으로 꿰뚫어 본 뒤 지혜를 얻는 것을 일컫는다. 활쏘기를 예를 들어 설명하자면 사마타는 그 표적이 움직이지 않게 고정된 것이고, 위빠사나는 움직이는 표적을 정확히 관찰하여 맞추는 것과 같다.

마음의 고요함은 고통의 원인이 제거될 때 이뤄지며 선禪은 그 원인을 제거하는 방법이자 수행이기도 하다. 앉아서 선을 하면 '좌선坐禪', 걸으면서 선을 하는 것은

'행선行禪'이라 할 때, 차를 마시면서 선을 하는 것이 바로 '다선'이다[1]. 즉 다선은 차를 통해 생사 괴로움의 원인을 제거하는 수행인 것이다.

2) 차명상과 명상의 정의

● 차명상은 차를 통해서 명상하는 것으로 정의되는데, 차와 명상은 우리를 무언가로부터 깨어있게 만들어 주는 공통점[2]이 있다. 차명상은 다선과 유사한 의미로 사용되지만, 엄밀히 구분할 때 다선은 예로부터 내려오는 차에 관한 전통 가운데 선의 경지에 이르는 것을 지칭한다. 반면에 차와 명상을 합성한 차명상은 명상의 활용방안 차원에서 생긴 신조어[3]라고 볼 수 있다. 다선과 비교할 때 차명상은 현대적이며 대중적인 용어인 것이다.

차에는 물질적인 차와 정신적인 차가 있는데 물질적인 차는 현대인들이 좋아하는 커피를 비롯하여 녹차와 보이차 같은 전통차, 율무차, 꿀차, 우유 등 온갖 종류의 차를 말한다. 정신적인 차는 차를 다루고, 우리고, 마시는 과정뿐만 아니라 생활과 함께 그 시대를 지배하는 사상과 철학에 바탕을 두고 생긴 차 문화를 통한 차의 정신세계를 말한다[4]. 차명상은 물질적인 차를 대상으로 차를 다루고, 우리고, 마시는 과정 모두를 알아차림의 대상으로 삼고 있으므로 물질적인 차와 정신적인 차를 모두 다룬다고 볼 수 있다.

좋아하는 기호음료를 마시는 동안 명상을 하는 차명상은 생활의 일부인 차생활에서 명상 연습을 시작하여 명상의 일상화를 구축하는 과정[5]이다. 차명상에서 차는

---

1) 지운(2009), 『찻잔 속에 달이 뜨네』, 연꽃호수
2) 지장(2006). 『차명상』, 차와 사람
3) 김배호(2017), 「차명상의 중도적 기능에 대한 연구-초기불교의 삼학을 중심으로-」, 서울불교대학원대학교 불교학과 명상학 전공 박사학위 논문
4) 김배호(2017), 위의 논문
5) 이하경(2011). 「마음 수양의 현대화를 위한 차명상」, 성균관대학교 생활과학대학원 석사학위 논문

명상을 위한 도구일 뿐이므로 앞서 물질적인 차에서 살펴봤듯이 그 종류는 중요치 않다. 다선과 마찬가지로 차명상도 차보다는 명상에 중점을 두는 것이다. 따라서 차명상에 대해 온전히 이해하기 위해서는 명상이 무엇인지에 대한 이해가 필요하다.

명상(冥想)은 영어의 meditation을 일본에서 번역하여 우리나라에 유입된 용어로[6] 문자 그대로 해석하면 눈을 감고 고요히 생각하는 것을 말한다. 그러나 인도의 명상 수행이 서양에 알려지면서 범어 dhyāna'를 메디테이션으로 번역한 것이다. dhyāna'가 중국에서는 dhyāna'의 속어형인 jhāna를 선나禪那로 변역되고 나那자를 빼고 선禪이라고 한 것이다. 선은 사유수思惟修로 번역한다. 생각으로 닦는다는 뜻이다. 따라서 다선의 선과 차명상의 명상은 같은 어원을 가지고 있고 그 뜻은 생각이 선과 명상의 수단이라는 것이다. 생각에는 명상을 생각으로 한다. 생각은 '헤아리다' '판단하다' '인식하다'는 뜻을 가지고 있다. 생각의 힘은 사물의 근원과 마음의 본성을 아는 힘이며 직관과 사유라는 깨달음의 수단이다. 왜냐하면 직관과 사유는 집중명상인 사마타와 분석명상인 위빠사나로 하며 모두 생각으로 하기 때문이다.

국내연구에서 명상에 대한 정의는 연구자에 따라 다양하게 나타난다. 김재성(2016)은 명상을 "마음을 개발하는 것으로 한층 더 높은 의식상태, 혹은 훨씬 더 건강하게 여겨지는 상태에 도달하고자 정신적 과정을 가다듬는 것을 목적으로 하는 주의(attention)의 의식적 훈련"으로 정의하고 있으며 현대에서는 명상이 이완이나 심리치료를 목적으로 행해질 수도 있다고 하였다.[7] 김기석(1978)은 명상이란 "어느 하나의 과제에 대해서 의식을 지속적으로 집중시키는 훈련과정"이라 하였고[8] 이화순(2006)

---

6) 김문숙(2007). 「현대 차생활의 명상적 접근」, 성균관대학교 생활과학대학원 석사학위 논문
7) 김재성(2016). 「명상이란 무엇인가?」, 명상아카데미 대강좌
8) 김기석(1978). 「명상의 심리학적 일고찰」, 고려대학교 행동과학 연구소

은 명상이란 "마음을 자연스럽게 안으로 몰입시켜 내면의 자아를 확립하거나 종교 수행을 위한 정신집중을 널리 일컫는 말을 의미"한다고 하였다.[9] 지장스님(2006)은 명상이란 "삶의 질을 높이고 행복을 추구하는 적극적인 정신 훈련"이라고 정의하였다.[10] 이처럼 다양한 명상의 정의가 있지만 궁극의 목적은 우리의 삶을 행복하고 그 행복으로 풍요롭게 하여 대자유를 얻는 것이라 정의 할 수 있다. 말하자면 명상이란 행위와 마음의 고요함을 획득하여 마음을 깨어나게 하고 삶과 죽음의 괴로움에서 벗어나 생노병사가 없는 본래면목인 마음의 본성을 깨닫는 데에 있다.

명상의 대상은 몸과 감각과 마음과 마음의 현상[身·受·心·法]이라고 하며 선禪에서는 마음의 본성을 궁극의 대상으로 한다. 고통은 몸으로 오고 고통의 원인은 몸의 감각이며 감각에서 갖가지 심리가 일어나 괴로움을 일으키기 때문이며 감각의 근원은 마음이며 마음의 본성을 깨치고 그 자리에 들어가면 삶과 죽음이 없는 대자유를 얻는다. 마음의 현상은 법으로서 번뇌에 오염된 심리와 청정한 심리를 뜻하며 이 청정한 심리의 염念·상想·사思가 몸과 감각과 마음의 진실을 깨닫게 하는 수단이다.

염念·상想·사思의 집중명상인 사마타와 분석사유로 통찰하는 위빠사나 명상으로 마음의 고요와 평화를 얻는다. 매 순간 내적인 감각과 혹은 경험에 주의를 기울이는 알아차리는 집중과 외적인 모든 대상으로부터 자극받아 반응하는 몸의 감각과 생각과 감정을 무상無常으로 고苦로 무아無我로 알아차리는 순수한 관찰인 통찰명상으로 세계와 자기 자신을 있는 그대로의 모습으로 꿰뚫어 봄으로써 그에 대한 바른 앎, 통찰을 얻는다. 차명상은 차를 매개로하여 이러한 집중명상과 통찰명상을 하는 것이다. 사마타[止]와 위빠사나[觀]을 함께 닦는 선禪수행이다.

---

9) 이화순(2006). 「다도명상이 정신건강에 미치는 영향」, 계명대학교 석사학위 논문
10) 지장(2006), 위의 책

그래서 다선茶禪이라 하고 차명상이라고 하는 것이다.

2. 차명상의 의의와 필요성

1) 차명상의 의의

                           ● 명상의 목적은 고통 즉 괴로움에서 영원히 벗어나서 대자유를 얻는 것이다. 명상을 통해 수행자는 신체적 · 정신적 고통이 마음에서 비롯됨을 알고 마음에서 시작된 고통의 원인을 제거하여 고통에서 벗어날 수 있다. 명상은 힘든 순간에도 인간 스스로 무너지지 않으면서 살아갈 수 있게 희망의 의지를 줌으로써 삶 속에서 멍들고 짓눌린 마음을 치료하는 것이다. 또한, 명상은 고통에서 벗어나는 것뿐만 아니라 고통을 예방하여 건강한 삶을 살도록 한다. 현대인들은 명상을 통해 고통에서 해방되거나 다가올 고통을 예방하여 신체적 · 정신적 건강의 조화를 이룰 수 있는데 이것이 바로 현대사회에서 명상이 가지는 의의라고 할 수 있다. 명상이 가지는 이러한 의의는 곧 차명상이 가지는 의의이다.

또한, 차명상은 다른 명상법과 비교할 때 상대적으로 시간과 장소에 구애받지 않는다는 점에서 바쁜 현대인들에게 적합한 명상법이라고 할 수 있다. 또한, 가장 바람직한 수행은 생활이 곧 수행이고 수행 속에 생활이 있는 것이라는 점에서 현대인의 생활 속에 밀접하게 들어와 있는 차 마시기는 좋은 수행의 수단이 될 수 있다. 현대인들은 이미 건강상의 유익함과 더불어 휴식과 이완을 통한 스트레스 관리로 심신 치유의 작용을 기대하며 차를 애용하고 있는데, 여기에 지와 관의 수행이 병행되기만 한다면 이것이 바로 생명 살림을 위한 차명상인 것이다. 다시 말해 차명상은 현대인들에게 있어 압도적으로 우월한 접근성을 가지는 수행법이라 점에서 의미가 있다.

2) 차명상의 필요성

● 차명상은 실용적인 측면과 정신수양 측면 모두에서 현대인에게 필요성을 가진다.

우선 차명상이 실용적인 측면에서 유익하며 필요한 이유는 여섯 가지로 정리해볼 수 있다.[11]

첫째, 차 마시기는 그 자체로 신체적 · 정신적 건강에 도움이 된다. 기호음료로의 차생활은 앞서 말했다시피 신체적 건강에 도움을 줄 수 있는데 이때 단순히 즐기기만 하는 것이 아니라 명상을 병행한다면 정신건강에도 유익한 효과를 얻을 수 있다.

둘째, 바쁜 생활 속에 명상할 수 있다. 일하거나 공부를 하는 도중에 짧은 쉬는 시간을 가지면서 차 한 잔을 마시는 여유를 부릴 때 명상을 곁들인다면 명상을 하기 위한 별도의 시간을 마련할 필요가 없다. 차 한 잔의 여유시간에 명상하면, 바쁜 일과로 인한 스트레스도 줄고, 일과 공부의 능률을 증진시킬 수 있으므로 효과적이다.

셋째, 차명상은 오감을 활용한 명상이므로 초심자들이 명상에 재미있게 접근할 수 있다. 차명상은 찻잔에 차를 따를 때 소리를 듣고, 차의 색을 감상하고, 차의 향을 맡고, 찻잔의 감촉을 느끼면서 차의 맛을 느끼는 등 모든 감각을 활용할 수 있다. 또한, 모든 감각에 고루 집중할 필요가 없이 자신이 쉽게 명상에 들 수 있는 감각을 하나 정해 알아차리고 집중할 수도 있다. 그래서 수행자는 명상의 재미를 쉽게 느끼며 꾸준히 명상을 즐길 수 있게 된다.

넷째, 차명상은 동動과 정靜이 함께 이루어지기 때문에 움직임에 익숙한 현대인에게

---

11) 이하경(2011), 위의 논문

명상의 지루함을 덜어줄 수 있다. 이때 동은 차를 마시는 움직임을 정은 차를 음미하는 정지를 말한다. 또한, 찻잔을 가만히 들고 있을 때의 느낌을 감상하고 천천히 움직일 때의 느낌을 바라보는 등 차명상의 동작은 고정된 것이 아니므로 집중력이 약한 사람도 연습하기에 쉽다.

다섯째, 생활 속에서 차명상이 익숙해지면 모든 생활 도구가 명상의 도구로 활용이 가능하다. 차 한 잔 마시는 과정에서 체득한 명상의 방법을 모든 생활에 적용할 수 있는 것이다. 차 맛을 느끼는 감각을 '알아차림'했던 경험을 식사하며 적용해 볼 수 있고, 찻잔을 들면서 '알아차림'했던 것을 평소 움직임에 응용할 수도 있다. 소소한 일상 행동에서도 명상이 자유롭게 가능해지면 자신의 감정을 항상 알아차릴 수 있게 되고 원만한 대인관계 형성에도 도움이 된다.

여섯째, 차명상 방법을 익혀두면 차 도구 없이도 기차든 버스든 어느 곳에서도 쉽게 명상할 수 있는 편의성이다.

차명상이 정신수양 측면에서 현대인에게 필요한 이유는 다음과 같다. 차명상을 통해 사람과 사람의 만남이 이루어지고 차 맛과 혀의 만남, 향기와 코의 만남, 색과 눈의 만남이 이루어진다. 이러한 만남을 통해 차명상 수행자는 인연관계의 흐름을 아주 쉽고 가깝게 알아차릴 수 있다. 이처럼 차명상을 통해 차의 빛깔이나 향기 또는 차 맛을 '알아차림'하다 보면 차 마실 때뿐만이 아니라 일상생활에도 자연스럽게 연결되면서 일상의 삶도 온전히 깨어있게 된다. 온전히 깨어 인연관계의 흐름을 알게 되면 만남을 통해 일어나고 사라지는 마음의 흐름과 만남이 있으면 반드시 발생하는 헤어짐을 통해 일어나고 사라지는 마음의 흐름을 또한 알게 된다. 이를 통해 수행자는 인간관계의 이치를 깨닫고, 과거나 미래의 허상에 매이는 삶에서 현재의 삶으로 깨어나며 궁극에는 죽음의 이치도 깨닫게 된다. 이렇게 이치에 대해 알게 되면 수행자는 삶의 괴로움에서 벗어날 수 있으며 온 우주 만물이 나와 분리되어 존재하는 것이 아니라 나와 남이 둘이 아님을 깨닫게 되어 인간관계가 발전하고 나아가 환경과 생명 살림에도 한몫을 하게 된다. 이러한 경지에 도달할 때 차와 선은 한 맛이 된다고 할 수 있으며, 이 한 맛이 사물과 사건을 하나로 꿰뚫어(지혜) 무지와 번뇌망상을 해결하는 이것이 바로 차 명상이 현대인에게 필요한 이유이다.

제2장
차명상의 역사

차명상의 역사에 대해 알아보기에 앞서 차명상의 역사와 차茶문화의 역사를 구분해서 인식할 필요가 있다. 차는 인간의 기호식품으로서 상고시대부터 현대에 이르기까지 가장 오래된 역사를 간직한 음료이며 차문화 또한 그만큼의 역사를 가진다. 반면 차명상의 경우 명상이란 용어가 국내에 들어온 뒤 정립되었으며 최근의 웰빙 열풍과 함께 생성되었기 때문에 그 역사가 짧다고 볼 수 있다. 하지만 차명상이란 용어만 없었을 뿐 우리나라의 정신사精神史에서 차는 인격 수양과 정서함양의 도구로 사용되어왔다. 따라서 이 장에서는 차명상의 역사를 제대로 파악하기 위해 차문화의 역사 속에서 차명상의 태동을 찾고 현대에 이르러 차명상이 정립된 과정을 살펴볼 것이다.

1. 차문화의 역사

● 인류의 차생활은 몸과 마음을 편안하고 맑게 하는 음식문화이면서 동시에 주위 사람들과의 관계를 부드럽게 만드는 생활 풍류로써 시작되었다. 차 마시는 풍류를 음다풍속飮茶風俗 또는 음다풍습飮茶風習이라고 하는데 이를 줄여서 다풍茶風이라고 한다. 이러한 다풍에 대해 역사적으로 최초로 등장한 용어는 다도茶道이고, 이후에 다례茶禮 또는 다예茶藝라는 용어가 등장했다. 이 용어들은 모두 차생활의 풍류를 일컫는다.

이러한 차를 도道 닦는 방법으로 활용한 것은 동북아에서 시작되었다. 중국 당나라 말기의 유정량劉貞亮은 「다선십덕茶扇十德」에서 '예와 인을 기르고 도道나 높은 뜻을 따라 살게 한다'라고 말하면서 "차로써 답답하게 막힌 기운을 흩어내고, 차로써 졸음을 쫓아 내고, 차로써 기력을 양생하고, 차로써 병의 기운을 제거하고, 차로써 예절과 어진 마음을 기르고, 차로써 공경하는 마음을 표현하고, 차로써 자양분을 맛보고, 차로써 몸을 튼튼하게 하고, 차로써 도를 옳다고 여기고, 차로써 고아한 뜻을 지니게 한다."[12]고 서술하면서 차가 도를 닦는 방법으로 활용됐음을 보여준다.

조선시대의 초의선사는 차에는 아홉 가지 덕德이 있다고 한다. 머리에 이롭고 귀가 밝아지고 눈이 밝아진다. 입맛을 더하고 술을 깨우고 피로를 풀어준다. 갈증을 멈추게 하고 추위를 막아주고 더위를 물리친다고 설하고 있다.[13]

차와 명상의 직간접적인 조화 또한 동북아에서 시작되었는데 이는 불교의 명상문화의 영향 때문이다. 붓다의 가르침은 재가의 삶과 출가의 삶 모두에 있어

---

12) 姚國坤 外 2人(1991), 『中國 茶文化』, 上海文化出版社
13) 김민선 지음, 『티마스터 입문』 이른아침 33~34

몸과 마음을 다스리고 그 근원을 꿰뚫어 무지에서 벗어나기를 권유하는데, 그것이 곧 명상이었고 이러한 명상은 차문화와 어우러지게 되었다. 선禪과 차문화의 조화는 특히 동북아시아 선불교문화의 두드러진 특징으로 나타났다. 선가禪家에서 차는 단순한 음료가 아닌 깨달음의 방편이다. '차나 한 잔 드시오[喫茶去]'라는 조주(趙州, 778~897)의 공안이나 '다선일미(茶禪一味)'로 대표되는 다선茶禪 문화는 선가에서 차가 중요한 위치를 차지하고 있다는 사실을 보여 준다[14]. 한낱 마실 거리에 불과한 차가 선불교에서는 차를 만들고 차를 마시는 일상사 자체가 그대로 선과 도로 승화된 것이다. 선사들은 배고프면 먹고 목마르면 차를 마시는 일상사에 깃든 깊은 의미와 철리哲理를 투철하게 확철廓徹하여 차와 선이 한 가지임(一如)을 일찍이 설파하였다. 이로 인해 등장한 것이 바로 다선일여茶禪一如이다.

처음 '다선일여'라는 편액을 쓴 선승은 '종문제일서宗門第一書'로 불리는 『벽암록壁岩錄』을 편찬한 원오극근(圓悟克勤, 1063~1135)이다[15]. 차와 선이 한 맛으로 통하는 경지임을 지칭하는 '다선일미茶禪一味'는 선종에서 차문화에 관해 이야기할 때 가장 자주 언급되는 화제 중 하나이다. 선종에서 차는 수행자의 의식을 깨우고 몸을 가볍게 하여 수행을 도와주었으며 대중들 사이에서 해화諧和를 돕는 매개물이기도 했다. 또한, 불보살에 헌공하는 상황에서 청정한 예물이기도 하고 각종 법요의식의 장엄구이기도 했다. 이러한 상황에서 선미禪味의 본질에 차가 다가서는 일은 당연한 일이었다. 선수행은 정신을 맑게 하여 청정한 마음을 체득하는 것을 최대효과로 하는데 차의 효과도 역시 맑음의 효능을 지니고 있다는 점에서도 선과 차는 밀접한 관계를 맺는다. 이에 대해 『좌선의坐禪儀』에서는 "물이 맑고 깨끗해지면 마음이라는 구슬이 저절로 드러난다."라고 하였다.

---

14) 김배호(2017), 위의 논문
15) 김배호(2017), 위의 논문

2. 한국의 차문화사

● 우리 차 문화사는 기록된 자료가 충분하지 않아 그 온전한 모습을 파악하기가 매우 어려웠다. 7세기 중반 신라 선덕여왕 때 이미 차를 마셨던 기록이 『삼국사기三國史記』에 기록되어 있다.

『삼국유사』 '경덕왕 충담사 표훈대덕(景德王 忠談師 表訓大德)'에는 신라 경덕왕 때 충담忠談스님이 해마다 중삼일[重三日, 3월 3일]과 중구일[重九日, 9월 9일]에 남산 삼화령三花嶺에 계시는 미륵세존彌勒世尊께 차를 끓여 올렸다는 기록이 있다.

하지만, 신라 시대에 차가 얼마나 대중화되었는지는 알 수가 없고 고려 시대에는 궁중과 귀족, 특히 승려 사이에 크게 차가 유행했으나 일반 서민의 기호식품으로까지 확대되지는 못한 것으로 보이며, 조선 시대에는 오히려 억불정책과 함께 차문화가 위축되어 주로 의식儀式용으로 차가 쓰였고, 승려들이 그 맥을 이어오다가 다산茶山, 추사秋史, 초의艸衣 시대에 와서 차를 중흥시켰지만 역시 서민이 즐겨 마시지는 못했다[16]. 근세에 들어서는 일제강점기로 인해 음다풍속飮茶風俗이 퇴보하여 차문화가 발전되지 못하였을 뿐만 아니라 자료도 손실되어 버렸다. 오히려 일본에서 우리 것을 찾을 수 있는 형편이었다.

이러한 열악한 상황에서도 '태평양학술문화재단'의 한문 고전 연구자들이 최근 차와 관련된 문헌을 폭넓게 정리하고 번역하여 『한국의 차 문화 천년』이라는 문집을 편찬하였다. 이 문집은 삼국시대로부터 근현대에 이르는 한국의 차 관련 문헌을 시대별로 정리하여 번역함으로써 불가佛家는 물론 선가仙家 그리고 유가儒家의 모든 차인들의 다시茶詩를 포함한 개인 문집의 자료, 『삼국사기三國史記』, 『고려사高麗史』,

---

16) 김배호(2017), 위의 논문

『조선왕조실록朝鮮王朝實錄』 등의 관찬사료官撰史料와 함께 『임원경제지林園經濟志』, 『성호사설星湖僿說』,『음청사陰晴史』 등의 별집別集類를 비롯하여 이전에 발굴되지 않은 자료까지 차에 관한 모든 문헌 자료를 망라하여 발굴 조명하였다[17]. 이러한 한국차 문화사의 재정립을 통해 우리는 차문화사에서 차명상의 태동 또한 엿볼 수 있게 되었다.

우리나라 차문화는 세 갈래 정신사로 이루어져 있다. 첫 번째, 풍류風流 정신이다. 상고사上古史로 일컫는 신정神政시대의 차는 제천의식에서 비롯된 선교仙敎 정신의 상징으로 선도仙道를 수련하여 도달하는 선인仙人, 신선神仙, 신인神人이 즐기는 음료로 나타난다. 또한, 자연과 합일하는 사상으로 자연을 예찬하는 시가詩歌와 풍류에 차가 곁들여지면서 멋의 세계를 완성했다. 두 번째는 불교문화의 융성과 더불어 선사상禪思想과 만나 다선일미茶禪一味 또는 선다일여禪茶一如의 정신세계를 이루었다. 불가에서 승려가 차를 마시는 행위는 선禪의 한 방편으로 인식되었다. 끝으로 조선 시대에 들어서는 유교儒敎의 예의식禮儀式에 근거하여 다례의식 茶禮儀式과 정신이 확립되었다. 우리나라 차문화의 정신사는 다른 역사와 마찬가지로 유·불·선의 삼교지도三敎之道를 자유자재로 넘나들며 서로 다른 이념이 화해하고 융합했다. 우리나라의 차문화는 이러한 융합된 사상을 바탕으로 구체적인 차명상의 방법론으로 발전하기보다는 관념적이고 직관적인 형태의 분위기로 성장하게 되었다.

우리 역사에서 대표적인 다인으로는 이규보와 이색을 들 수 있다. 40여 편의 다시茶詩를 남긴 고려의 대문장가 백운거사白雲居士 이규보(李奎報, 1168~1241)는 "타오르는 불에 끓인 향기로운 차는 참으로 도道의 맛"이라고 하였고[18] "한 사발의

---

17) 김배호(2017), 위의 논문

18) 李奎報, 『東國李相國集』 第七卷 "活火香茶眞道味"

차는 바로 참선의 시작이 되리"라고 읊었다.[19]

고려 말, 조선 초의 대 유학자 목은 이색(牧隱 李穡, 1328-1396)은 차를 끓이고 대접하고 마시고 하는 일상의 차생활에서 체득한 다도를 통해 삶과 경세經世의 이치를 배우고 실천한 진정한 차인이었다. '온 정신을 다해서 물을 끓이니 뼛속까지 스민 사악한 생각이 지워진다.'고 노래한 목은은 좋은 차를 달여 마시고 심신이 맑아지는 경지를 '다후소영茶後小詠'이라는 시를 통해 자신의 차생활의 경지를 담백하게 읊고 있다. '차를 끓여 마시면 눈·귀·코·입·몸과 마음이 즐겁고, 행동만이 아니라 생각에도 그릇됨이 없게 된다.'라고 했다. 세상사는 법을 차를 통해 터득한 그에게 차와 생활은 따로 있는 것이 아닌 하나였다. 차 벗들과 함께 다담을 나누면서 이렇게 차의 맛에 흠뻑 빠져들 수도 있지만, 차 한 잔을 앞에 놓고 말없이 명상으로 이어질 때에는 차는 단순한 차가 아니라 깨달음으로 이어지는 교량이 될 수도 있다.[20]

3. 차명상의 역사

　　　　　● 차문화의 정신사 중에서 가장 차명상의 태동이 활발했던 것이 수행을 통한 선禪불교 문화였기 때문인지 오늘날 여러 스님이 앞장서서 구체적으로 차명상을 정립하고 그 활성화를 주도하고 있다. 하지만 문헌적으로 다선일미의 깨달음은 있으나 그 경지에 이르는 구체적인 차명상 방법은 제시된 바가 없다. 단지 직지인심견성성불直指人心見性成佛의 조사선祖師禪이 있을 뿐이다. 그래서 선禪수행하는 선승禪僧들이 앉으면 좌선이요 걸어가면 행선이 되고 차를 마시면 다선이 되기 때문이다. 굳이 다선茶禪하는 방법이 필요하지 않았다. 하지만

---

19) 李奎報, 『東國李相國集』第十三卷 "一甌卽是參禪始"
20) 천병식(2004), 『역사 속의 우리 다인』, 이른아침

선禪수행을 모르는 요즘 사람들 대부분은 다법茶法은 알아도 차를 통한 선법禪法을 모르기 때문에 구체적인 차명상 방법이 필요한 것이다.

현재 수행의 방편으로서 차명상 보급에 적극적인 스님들이 있다. 보리마을 자비선명상센터'의 지운, '몸행복차담명상원'의 선업, '초의차명상원'의 지장을 들 수 있고 많은 스님들이 차명상 보급의 필요성에 대하여 인지하고, 활용방안을 준비하고 있다.

우리나라에서 차명상을 최초로 정립한 이는 지운이다. 지운은 1998년 송광사 강원에서 학인들을 대상으로 차를 매개로한 수행법을 강의한 내용을 정리하여 1999년에 '찻잔 속에 달이 뜨네'라는 차명상법이 발간되고 2001년 BTN불교TV에서 '차수행법'을 강의하면서 차명상법이 널리 알려지기 시작하였다. 이후 10여 년간 차와 수행의 관계를 연구하였고, 차 마시기가 생활의 고상한 취미 수준을 넘어서 수행이 될 수 있는 차명상 방법을 최초로 체계화시켜 그 효용을 제시했다. 차명상 수행법인 '다선일미 차명상'과 '자비다선'을 통해 차명상 보급에 앞장서고 있는 그는 차를 도구로 삼아 탐진치의 삼독을 없애는 수행법으로 차를 활용하였다.[21]

또한, 명상상담전문가이자 관계치유전문가로 불교방송 '힐링스테이션' 프로그램의 진행자인 선업은 90년대 중반부터 차담을 통한 소통대화법으로 마음치유에 차명상을 접목하여 활용하고 있다. 그는 '차명상'에 상담 및 심리치료 분야를 결합한 분야를 '차명상상담'또는 '차담명상'이라고 명명하고 차명상의 외연을 넓히는데 진력하고 있다.[22]

---

21) 지운(2009), 위의 책
22) 선업(2011), 『마음으로 하는 말』, 마음의 숲

지장은 차가 어떻게 마음에 작용하는지에 대해 초기불교수행론의 방법을 활용하여, 대중들이 쉽게 명상에 다가갈 수 있게 앞장서고 있다. '차명상'이라는 현대적인 용어는 2005년 지장스님이 '초의茶명상원'을 개원하면서 공개적으로 사용되기 시작했다. 그는 미얀마 등지에서 명상 수행을 직접 경험하고 차명상의 원리를 연구하고 있다.[23]

이와 같은 승가의 노력이 있었기에 오늘날 차명상은 그 이름을 확고히 자리 잡을 수 있었다. 2010년 3월 25일 지운, 지장, 선업을 중심으로 하여 사단법인 '한국차명상협회'가 발족하면서 차명상이 본격적으로 출발하였고, 그 산하에 현재 약 500여 명이 활동 중이다. 이외에도 각 사찰에서 운영하는 템플스테이, 차명상 및 차문화 관련 단체, 지방자치단체와 교육청 등 공공기관의 부설기관, 각 대학의 평생 교육기관 등에서 진행하는 차명상은 그 이름을 대중적으로 확장하는 데 이바지하고 있으며, 이로 인해 차명상은 대중적인 명상방법으로 자리 잡는 추세이다.

4. 차와 명상의 관계

1) 차의 성분과 명상

● 차가 집중명상과 사유통찰명상에 도움을 주거나 아니면 직접적인 관련이 있을까? 차의 주요 성분은 불화물, 마그네슘 및 아연 등 미량의 영양소인데 차 속에는 카테킨, 카페인, 테아닌의 세 가지 주요 생리활성 물질이 있다. 이 생리활성 물질이 인체에 꼭 필요한 필수 영양소는 아니지만, 차가 건강에 이롭게 작용한다는 연구는 대부분 이 물질들과 연관되어 있다. 카테킨은 항산화 특성을 지닌 화학 물질 그룹인 폴리페놀의 일종이다. 세포 손상을 예방하는

---

23) 지장(2006), 위의 책

산화 방지제이며, 카페인은 각성 작용과 함께 기분을 좋게 만드는 작용을 한다. 아미노산 테아닌은 차의 편안한 특성을 만들어낸다.[24]

차의 맛에도 큰 기여를 한다. 카테킨은 떫은맛을, 테아닌은 감칠맛을, 카페인은 쓴맛을 낸다. 사실상 쓴맛이 전부인 커피에 비해 차의 맛이 복잡 미묘한 이유다.[25]

예방의학자인 저자 수잔 블룸은 자가면역질환이 있는 사람들이 자기 신체조직을 공격하는 배신한 면역계를 다시 내 편으로 만들려면 스트레스 관리가 중요하다며 명상과 숙면을 실천하라고 당부한다. 그러면서 수면장애가 있을 경우 보충제를 먹는 게 도움이 될 거라며 몇 가지를 추천했는데, 그 가운데 하나가 테아닌(theanine)이다. 테아닌은 아미노산으로 글루탐산과 에틸아민이 결합해 만들어진다. 단백질을 이루는 20가지 아미노산에는 포함되지 않지만 녹차의 감칠맛을 부여하고 사람에게는 진정효과와 신경보호작용이 있는 것으로 알려져 있다. 차나무는 몸 안에 질소를 저장하기 위해 테아닌을 만드는 것으로 보인다. 그래서 블룸은 "이는 녹차에서 추출한 굉장히 안전한 화합물"이라며 "약간의 불안감이나 평온하지 않은 심리상태가 수면을 방해하는 사람들에게 특히 좋다"고 설명했다. 그런데 커피보다는 적지만 그래도 카페인이 들어있는 녹차에 거꾸로 수면을 돕는 성분이 있다. 녹차는 카페인의 각성효과와 카테킨의 항산화력에 테아닌의 진정효과까지 지닌 '일석삼조(一石三鳥)'의 차茶이다.[26]

명상하는데 필요한 것은 선정을 의지하여 지혜가 계발하는 것이다. 차의 성분은 이를 도와준다. 그래서 평온을 가져다주는 것은 테아닌이다. 평온은 곧 선정의 중요한 요소이다. 선정을 얻을 수 있는 역할을 일조하는 것이 차의 테아닌인 것이다. 그래서 카

---

24) 이종림 『완벽한 차를 마시기 위한 과학적 방법』 동아사이언스 2018년 10월 04일
25) 상동
26) 강석기 『2000년 전 가야시대에 정말 차나무가 들어왔을까』 동아사이언스 2018.12.11.

페인의 각성효과는 혼침을 막고 의식을 깨어있게 하고 분석하고 지혜를 얻는데 도움을 주는 것이라면 집중과 평온, 그리하여 선정을 얻을 수 있게 하는 것이 테아닌이다.

2) 차의 기운과 명상

● 차는 커피와 다르게 발산하는 기운이 있다. 찻잎을 차로 법제해도 그 성격이 사라지지 않는다. 발산하는 차의 기운은 몸의 기혈을 열어주어서 몸 기운이 왕성하게 일어나도록 한다.

화가 나면 화의 불기운으로 얼굴이 붉어진다. 화의 불기운은 목, 혀, 눈, 머리에 악영향을 주어 갖가지 병을 일으킨다. 이런 사람이 차를 마시면 물의 청량한 기운이 머리로 올라가게 되고 불의 뜨거운 기운은 아래로 내려간다. 좋은 차는 마시면 마실수록 차의 그 기운으로 몸과 마음이 가벼워집니다. 차의 기운이 의식을 각성시키고 집중과 분석에 도움이 되기 때문이다.

기운과 마음은 분리되어 있지 않다. 기운이 있는 곳에는 심리가 일어나며 마음이 있는 곳에는 기운의 흐름이 있다. 그래서 수행하게 되면 마음에 기쁨이 생기고 몸이 새털같이 가벼워지며 기운이 온몸으로 스며들 듯이 뻗쳐가는 경안輕安 현상이 나타난다. 경안의 현상은 매우 중요하다. 경안이 일어나면 번뇌 망상이 줄어들고 관찰대상에 집중이 높아지기 때문이다. 그래서 수행자인지 아닌지는 경안이 있느냐 없느냐가 기준이 될 수 있다. 또한 기운은 의식에 영향을 주어 망상이 일어나게 한다. 반면 기운은 대상에 집중하여 놓치지 않게도 한다. 따라서 집중명상과 분석명상을 할 때 차의 역할은 명상을 도와주고 다선일미의 깨달음을 성취하게 하는 조건이 된다. 예나 지금이나 중국과 한국의 선종사찰에는 어김없이 차밭이 있는 이유이다. 중국 육조 혜능대사가 주석했던 남화사에는 지금도 좌선에 들기 전에 차를 한잔 마시고 수행에 들어간다. 한국의 선원의 지대방에도 차도구가 갖추어져 있고 수행자들이 늘 차 마시면서 수행하는 전통이 있는 이유이기도 하다.

제3장

차명상의 명상체계

1. 무한 잠재력과 가능성을 갖춘 마음의 본성

● 마음은 여래를 품고 있는 무한 잠재력을 가지고 있음(여래장)을 알아차리고 범부가 성인이 되고 중생이 부처가 될 수 있음을 믿고 이해하고 실행을 옮기는 행이 명상이다.『금강삼매경론金剛三昧經論』에 의하면 여래장에는 다섯 가지 뜻이 있다.

1) 은隱[27]

● 첫째는 은隱이다. 은隱은 광석에 진금이 은폐되어 있음을 뜻한다. 무명과 번뇌망상이라는 광석을 깨트리려면 집중명상인 사마타의 선정과 분석명상인 위빠사나의 지혜가 필요하다. 또한 광석을 녹이는 자비의 불도 필요하다. 집중과 지혜와 자비가 광석인 번뇌망상과 무명을 제거해 가면 마음의 본성인 진금眞金의 마음거울이 나타나게 된다. 광석 속에 있을 때는 있는 그대로 텅 빈 진금이지만 마치 항아리에 구멍을 뚫어 가면 그 틈새로 빛이 나타나고 그 항아리를 완전 깨트리면 온전한 빛이 사방에 비추는 것과 같다. 나타나는 마음거울은 모든 사물을 비교 분별하지 않고 비춘다.

2) 불개不改

● 사마타와 위빠사나로 무명과 번뇌를 제거하여 마음의 본성인 진금을 드러내는 것이다. 드러나는 마음의 본성은 거울같이 비추는 성격이 있다. 그것도 분별없이 비추는 거울이다. 이것이 여래장의 두 번째 불개不改의 뜻이다. 불개不改는 모양도 색깔도 없고 방향과 장소가 없어

---

27) 『대승기신론大乘起信論』 卷三의 一(性淨本覺 「覺體相」)의 여실공경如實空鏡과 같다. 첫째는 '사실대로 텅 빈 거울 如實空鏡'이다. 모든 마음과 분별된 경계상을 멀리 여의어서 나타낼 만한 법[現象]이 없다. 각조覺照의 뜻이 아니기 때문이다. (一者如實空鏡. 遠離一切心境界相. 無法可現. 非覺照義故)

공적空寂하다. 공적함은 조작이 없고 바뀌지 않는다.

3) 인因[28]

　　　　　　　　● 사마타와 위빠사나에 의해서 잠재되어 있는 힘인 불개不改가 나타난다. 이 불개는 번뇌를 제거하는 원인이다. 불개는 공적하여 생멸이 없다. 이를 청정이라 한다. 반면 번뇌는 생멸하므로 오염이라 한다. 무생멸의 청정과 생멸하는 번뇌가 만나면 생멸하는 번뇌가 소멸할 수밖에 없다. 그래서 여래장의 두 번째 뜻인 불개가 그대로 여래장의 세 번째 뜻인 원인의 뜻이 된다.

원인의 뜻은 거울 속에 나타나는 영상이 고정, 분리, 스스로 존재하는 것처럼 보이는 것은 모두 환영에 지나지 않는다는 것이다. 번뇌 망상에 덮여있을 때에도 텅 비어있던 마음이 번뇌망상이라는 오염을 만날 때 텅 빔이 거울이 되어 거울에 비치는 모든 사물이 고정 독립된 것이 아니고 무상하게 변하고 분리되어 있는 것이 아니며 상호의존하기 때문에 자립이 없다. 그러므로 고정된 실체를 가지고 스스로 존재하는 것이 아니다. 이렇게 비추는 거울자체는 텅 비어 공적하다. 가고 옴이 없고 잃지도 않고 파괴되지도 않아서 더럽고 깨끗함이 없다. 이를 텅 빔 거울이라 하고 지체智體라고 하여 움직이지도 않는다. 번뇌 망상을 없애는 힘으로 작용하므로 번뇌를 없애는 원인이라 하고 이를 바로 명상의 수단인 알아차림이 된다. 또한 집중이 되고 사유분석이 되며 선정과 지혜가 된다.

---

28) 『대승기신론大乘起信論』卷三의 一(性淨本覺「覺體相」)의 인훈습경因熏習鏡과 같다. 둘째는 인훈습경因熏習鏡이니, '사실그대로 비어있지 않는 거울如實不空'이다. 일체 세간의 경계가 모두 그 가운데 나타나되 나오지도 않고 들어가지도 아니하며, 잃지도 않고 파괴되지도 않아서 일심에 항상 머무르니, 이는 일체법이 곧 진실성이기 때문이며, 또 일체의 염법染法이 더럽게 할 수 없으니 지체智體는 움직이지 아니하여 무루無漏를 구족하여서 중생을 훈습하기 때문이다.(二者因熏習鏡. 謂如實不空. 一切世間境界, 悉於中現. 不出不入. 不失不壞. 常住一心. 以一切法卽眞實性故. 又一切染法所不能染. 智體不動, 具足無漏, 熏衆生故.)

4) 생生[29]

● 여래장의 네 번째 뜻은 생生이다. 진금眞金을 자비라는 불로 녹이고 사마타와 위빠사나라는 망치로 두드리고 다듬어 법신法身이라는 장신구를 만들 수 있기 때문이다. 그렇지만 은폐되어 있는 진금의 마음과 불개의 마음은 모양도 색깔도 방향과 장소가 없어 무생이므로 불변不變이다. 그리고 사마타와 위빠사나라는 인연을 따라 드러나는 마음의 본성인 진금을 사마타와 위빠사나를 통해 법신이 생기게 하는 것은 모두 인연을 따르는 수연隨緣이다. 그런데 불변은 무생이므로 무자성無自性이며 수연은 인연을 따르므로 자립自立할 수 없어 무자성이다.

무자성은 무생무멸無生無滅이다. 이를 제일의공第一義空이라고 한다. 우리의 본성이 공적空寂하다면 아무것도 없는 무無로 생각할 수도 있다. 그러나 공적한 본성이 불변일 뿐만 아니라 인연을 따르는 수연이기에 법신을 이룬다. 그래서 공적한 본성이 무無가 아니라 불공不空인 것이다.

5) 성性[30]

● 여래장의 다섯 번째 뜻은 성性이다. 유정무정有情無情의 일체 모든 것은 자성을 지키지 않고 이루므로 자립하는 것이 없어서 수연이며, 수연은 무자성의 성품이므로 성性이라고 하는 것이다. 즉, 마음의 무자성으로서 성性 차원에서 번뇌 망상에 의해 오염된 모든 것을 바라보면 모든 번뇌와 번뇌에 물든 모든 것은 자성이 없으므로 무자성이 모든 것에 두루하여 통하지 않는 것이 없

---

29) 『대승기신론大乘起信論』卷三의 一(性淨本覺「覺體相」)의 법출리경法出離鏡과 같다. 세 번째는 법출리경法出離鏡이니, 불공법不空法이 번뇌애煩惱碍와 지애智碍를 벗어나고 화합상을 여의어서 깨끗하고 맑고 밝기 때문이다.(三者法出離鏡. 謂不空法, 出煩惱碍, 智碍. 離和合相. 淳淨明故.)

30) 여래장의 은폐되어 있는 무한 잠재력인 '은隱'과 '불개不改'는 허공에 비유되는 불변의 뜻이고 '인因'과 '생生'은 거울에 비유되는 수연의 뜻이 있다. 이 모두를 '성性'이라고 하는 것이다.

다. 그래서 움직임과 고요함에 통하여 염오와 청정의 의지가 된다. 마음의 본체인 무자성이 시간과 공간의 제약이 있는 세간법 중에서 떠나거나 벗어나지 않는 것이다. 또한 이를 마음에 갈무리되어 있는 공적한 본성을 항하의 모래 같은 공덕을 갖추지 않는 바가 없기 때문에 무량성공덕無量性功德이라고 한다.

무량성공덕이란 한량없는 성품이 훌륭한 결과를 가져올 수 있는 원인(공덕)이라고 『대승기신론』에서 설한다. 바로 이러한 무한 잠재력이 감추어 갈무리되어 있다. 여래가 잠재되어 있는 이 힘을 사마타와 위빠사나, 자비로 드러나게 하고 법신을 이루면 이 힘이 생명 있는 모든 존재를 돕는 힘으로 작용한다.[31]

잠재되어 있는 힘을 드러나게 하는 사마타와 위빠사나와 자비는 도덕성을 바탕으로 한다. 사마타는 집중명상으로 선정을 이룬다. 이를 '정定'이라고 한다. 위빠사나는 분석명상으로 지혜를 얻는다. 이를 '혜慧'라고 한다. 그러나 알아차림(正念)으로 감각기관을 단속하여 도덕성을 이루는 '계戒'를 의지하고 있다. 그래서 계정혜 삼학이 명상의 대상인 다르마를 드러나게 하고 다르마를 아는 지혜로 선성을 의지하여 법신을 이루게 하는 것이 차명상 방법이다.

2. 차명상의 대상 – 다르마

● 잠재되어 있는 힘의 다섯 가지 뜻을 살펴볼 때 첫째, 차명상의 대상이 마음의 본성인 공적한 성품이며 알아야할 대상으로

---

31) 『대승기신론大乘起信論』 卷三의 一(性淨本覺 「覺體相」)의 연훈습경緣熏習鏡과 같다. 네 번째는 연훈습경緣熏習鏡이니, 법출리法出離에 의하기 때문에 중생의 마음을 두루 비추어서 선근을 닦도록 하기 위하여 생각에 따라 나타나기 때문이다.(四者緣熏習鏡. 謂依法出離故, 徧照衆生之心, 令修善根. 隨念示現故)

경境이다. 둘째는 마음의 공적한 본성에는 명상의 수단이 갖추어져 있다. 또한 수단은 行行으로 수행단계를 결정한다. 셋째, 명상대상은 알아야할 경이고 수단은 행이며 그 결과(果)도 경과 행과 같이 마음의 본성이므로 경境-행行-과果가 명상의 틀이 되며 넷째, 명상 코칭의 ① '나에게 무한 잠재력과 무한가능성이 있다' ② '이것을 해결해 줄 수 있는 수단도 내안에 갖추어져 있다' ③ '모든 문제의 해답은 내안에 있다' ④ '해답을 찾게 하는 길잡이의 인도가 필요하다'네 가지가 그대로 마음의 본성에 갖추어져 있다.

그 다음 이 장에서는 차명상의 근간을 끌어내는 차명상의 요소를 살펴본 뒤, 그 근간들이 차명상의 명상체계를 어떻게 형성하고 차명상이 어떻게 이뤄지는지에 대해 살펴볼 것이다. 그런 다음 차명상의 구체적 종류와 그 효과에 대해서 살펴본다.

공적한 마음자체의 다섯 가지 뜻은 명상 대상으로 다르마(法)이다. 다르마는 경론에는 연기, 공성, 진여, 법계, 보리, 원각, 열반, 제일의공, 중도, 일심, 불성, 여래장, 일미一味. 조사어록에는 본래면목, 본지풍광, 주인공, 마니주, 일물一物, 화두 등으로 이름이 다를 뿐 모두 같은 뜻을 가지고 있다. 이렇게 다양한 이름을 가지고 있는 다르마를 일미로 회통할 수 있다. 그래서 자비다선 차명상에는 다선일미茶禪一味를 궁극의 깨달음으로 보며 그에 따른 명상법이 자비다선 차명상이다. 깨달아야 할 대상으로 일미를 알기 위해서는 올바른 명상의 틀을 알아야 하고 그 틀을 통해 자신에게 잠재되어 있는 무한 능력을 현실에 나타나도록 하여 대자유를 얻는 것이 차명상이다. 일미는 마음의 무한 능력의 다른 이름입니다. 일미一味를 드러내는 명상을 통해 대자유를 얻는 것이다.

3. 차명상 방법

1) 명상의 수단 - 생각

● 다르마를 이해하고 체득하기 위해서는 방법이 필요하다. 방법은 수단이기도 하다. 다르마를 깨닫고 체득하는 수단은 생각이다. 생각에는 염念 · 상想 · 사思의 3종류가 있다. 생각 념念은 부정적으로 쓸 때는 망념이라는 말을 많이 쓴다. 망념. 이것은 허망할 망자를 써서 허망한 생각이라는 말을 많이 쓴다. 상想은 망상, 이것도 많이 사용한다. 사思는 업業이다. 왜냐하면 조작하기 때문이다. 조작하는 심리는 없던 것을 만드는 생각이다. 만든다는 것[思]은 미래의 일이다. 이미지를 떠올리는 상想은 과거의 것이다. 염念은 현재이다. 그런데 이것을 명상으로 돌리면 어떻게 될까? 이 세 가지 생각은 다 상호관계를 가지고 있다. 이 세 가지 생각이 명상으로 될 때에는 사마타와 위빠사나 수행이 된다.

념念은 정념이 된다. 빨리어로 sati라고 한다. 사티는 기억, 앎 그리고 정신차림의 뜻이 있다. 그래서 정념을 알아차림, 마음챙김으로 번역한다. 이 정념으로 망념을 없앤다. 또한 이 알아차림으로 정신현상과 물질현상을 즉각 구분하는 지혜를 얻게 한다. 이것이 남방의 순수 위빠사나이다. 최종으로는 생멸이 없는 열반을 깨닫고 체득하게 한다.

상想이라는 생각은 명상이 될 때는 상상이 수단이 된다. 전통적으로는 관상법觀想法이라 한다. 사마타명상과 관련이 있다. 관상觀想 명상은 이미지를 떠올려서 보는 것인데, 상상 속에서 스토리를 전개하고 떠 올린 그 이미지[心像]에 집중하는 관觀이 들어간다. 이 관상명상은 사마타의 집중이며 마음의 고요함인 선정을 얻는 수단이다.

사思라는 생각이 명상수행으로 될 때 사물의 본질을 아는 사유가 된다. 여러분이 잘 알다시피 선禪을 번역하면, 사유수思惟修라고 번역한다. 생각으로 닦는다는 것이다. 눈으로 볼 수 없고 만질 수 없는 공성은 의식에 의해 파악할 수 있다. 의식의 작용인 이 분석사유에 의해 공성에 집중하고 지혜를 얻는 것이다. 선정에 의지해서 오온五蘊을 분석하여 공성을 드러내는 것을, 분석 사유하는 대승의 위빠사나가 사思라는 생각으로 하는 것이다. 그래서 생각이 바로 명상하는 방편인 것이다. 위빠사나에도 현상만을 알아차리는 세간 위빠사나가 있고 현상의 공통되는 무상·고·무아·공을 관찰하는 위빠사나는 삶과 죽음을 벗어나는 출세간 위빠사나라고 한다. 전자는 집중이 생겨 선정은 얻을 수 있으나 시간과 공간의 한계를 벗어나는 지혜가 없다. 후자는 세간의 시공간을 벗어나 대자유를 얻는 지혜가 생긴다.

2) 명상의 수단과 단계를 갖추고 있는 공적한 마음

● 명상의 수단인 생각은 하늘에서 툭 떨어진 것처럼 생각할 수 있다. 그러나 마음 자체의 다섯 가지 뜻 가운데 인因의 뜻과 생生의 뜻이 명상의 수단과 명상단계를 뜻한다. 말하자면 이 공적한 마음의 '은'과 '불개'는 분별不變의 뜻이고 '인'과 '생'은 수연隨緣의 뜻이며 '성'은 불변과 수연의 뜻을 모두 가지고 있다.

불변不變의 뜻은 시간의 흐름이 없고 공간의 크기가 없다. 그래서 공적하여 바뀌지 않는다는 뜻이며 오염이 없는 청정의 뜻이며 허공과 같이 두루하다는 뜻이며 불생불멸하여 생로병사가 없다는 뜻이며 어떤 것으로도 결정되어 있지 않다는 뜻이 있다. 즉 무엇으로도 될 수 있다는 무한 능력과 가능성이다. 그리고 이것은 주객이 없어 평등을 뜻한다.

수연隨緣의 뜻은 시간의 흐름인 무상無常이 있고 공간적으로 상호의존 관계성을 뜻이다. 이는 주객상대이므로 대상을 아는 앎의 뜻을 가지고 있다. 공적한 마음은 진여자체로서 지혜광명의 뜻이 있는 것이다. 무명을 만나면 지혜광명으로 작용한다. 또한 인연 따라 도움을 주는 사랑과 괴로움을 빼앗아 없애주는 연민이 일어난다.

수연하은 인因의 뜻은 마음의 공적한 성품이 생멸하지 않아 청정하다. 그래서 생멸하는 번뇌와 청정한 마음이 만나면 번뇌가 소멸한다. 그래서 청정심이 인因의 뜻을 가지는 것이며 이것이 명상의 수단이 된다. 그 명상의 수단이 바로 염念·상想·사思라는 생각이다. 이 염상사를 명상으로 사용하면 집중명상인 사마타와 분석명상인 위빠사나가 된다. 이를 확대하면 육바라밀 명상이 된다. 모두 청정심의 작용이다. 그래서『금강삼매경론』에서는 마음의 공적한 본성이 수행의 수단임을 구체적으로 설한다.

"삼계에 의지하지 않기 때문에 보시바라밀을 갖추고, 계율의 상에 머물지 않기 때문에 지계바라밀을 갖추며, 청정하여 망념이 없기 때문에 인욕바라밀을 갖추고, 거두어들임도 없고 놓아 버림도 없기 때문에 정진바라밀을 갖추며, 자성이 금강과 같기 때문에 선정바라밀을 갖추고, 삼보를 무너뜨리지 않기 때문에 반야바라밀을 갖춘다. 어째서인가? 오직 하나의 관찰하는 마음이 법으로 삼을 만한 것을 두루 비추어 모든 쟁론을 끊었기 때문에 '삼보'를 갖춘 것이고, 삼보의 뜻이 이루어지기 때문에 '무너뜨리지 않는다'고 한 것이다. 오직 하나의 공적한 마음이 별도의 움직임이 없으면서 육바라밀을 갖추었기 때문에 '공적한 마음은 움직이지 않으면서 육바라밀을 갖추었다'고 하였다."[32]

공적한 본성이 육바라밀을 갖추었다면 그 육바라밀은 견도見道의 깨달음부터

---

32) 은정희·송진현 역주.『원효의 금강삼매경론』上 p.189 일지사 2000년 11월

작용하는 '상相없는 육바라밀'이다. 하지만 공적한 본성을 깨치지 못한 육바라밀 수행은 상相이 있다. 오히려 '상相있는 육바라밀'과 '상이 없는 육바라밀'은 서로 통한다. 이는 마음이라는 같은 바탕이기 때문이다. 그래서 '상 있는 육바라밀'을 수행하여 '상없는 육바라밀'을 성취할 수 있다.

육바라밀 가운데 앞의 4바라밀은 사마타의 선정바라밀과 위빠사나의 반야바라밀을 보조하여 선정과 지혜를 얻게 도와주는 바라밀이다. 그리고 육바라밀은 계·정·혜 삼학이다. 보시, 지계, 인욕은 계학이고 선정은 정학이며 반야는 혜학이다. 정진은 계·정·혜 삼학三學 모두에 해당한다.

〈표 3-1〉 육바라밀과 삼학, 수행

육바라밀	삼학	수행
보시	계학	사마타와 위빠사나를 도와주는 수행
지계		
인욕		
정진	계학, 정학, 혜학	
선정	정학	사마타
지혜	혜학	위빠사나

수연의 생生의 뜻은 진금眞金을 수 두드려서 장신구를 만들 듯이 사마타와 위빠사나로 번뇌의 광석을 부수고 진금을 단련하여 법신法身을 이루는 것이다. 이 과정이 명상의 단계이다. 『대승기신론』에서는 불각不覺인 범부의 깨달음, 상사각相似覺인 어린아이 수준의 깨달음, 수분각隨分覺인 어른수준의 깨달음, 구경각究竟覺으로 원만법신인 궁극의 깨달음을 말한다. 또는 자량도資糧道 – 가행도加行道 – 견도見道 – 수도(修道) – 구경도究竟道의 단계이기도 하다. 또한 선오후수先悟後修와 선수후오先修後悟도 여기에 해당한다.

이와 같이 불변과 수연의 마음 본성은 온 세상(불변)을 다 비춘다(수연)는 뜻이 있으며 참답게(불변) 안다(수연)는 뜻이 있다. 그래서 불변 수연의 뜻 속에는 한량없는 공덕이 만족하여 갖추어져 있다고 볼 수 있고 이 공덕이 훌륭한 결과를 가져올 수 있는 원인으로 무명번뇌를 없애는 수단이 된다.

4. 올바른 수행의 틀

1) 경境 · 행行 · 과果

● 마음의 공적한 다섯 가지 뜻에 근거해 보면 마음의 공적한 성품이 알아야할 대상으로 경境이며 수단과 단계인 행行이며 그 결과도 법신을 이루므로 과果이다. 마치 씨앗에서 뿌리가 생기고 줄기와 잎, 그리고 꽃이 피고 열매를 맺지만 씨앗과 열매는 다르면서도 같다고 할 수 있고 같으면서도 다르다고 할 수 있는 것과 같다. 하지만 경행과는 같은 마음의 본성인 것이다. 그래서 원측 스님은 『해심밀경소解深密經疏』에서 명상수행은 경행과境行果가 맞아야 한다고 설한다. 경境은 관찰 대상이다. 행行은 수행과 수행의 방법을 말한다. 과果는 수행의 결과이다. 관찰대상은 진여이며 수행도 진여의 육바라밀이며 결과도 진여이다. 그래서 경행과가 모두 마음의 본성인 진여이므로 일치할 수밖에 없다. 진여는 당연 공적한 마음의 다른 이름이다.

관찰 대상(境)과 수행(行)과 결과(果)를 교敎 – 리理 – 행行 – 과果로 볼 수 있다. 즉, 관찰 대상은 무한 잠재력을 가지고 있는 마음의 본성이다. 『금강삼매경金剛三昧經』에서는 공적空寂하여 근본이 없고 현상을 일으킬 종자도 없다고 설한다. 또한 불교佛敎에서는 진여, 불성, 보리, 원각, 법계, 공성, 일미라고 하며, 조교祖敎에서는 주인공, 마니주, 본래면목이라고 한다. 또한 『금강삼매경론金剛三昧經論』에서는 여래가 갈무리 되어 있다고 해서 여래장如來藏이라고도 한다. 이 여래장에 대하여 교敎와 리理를 통하여 수행하고 그 결과로 깨달음을 이룬다.

교教는 관찰대상인 여래장의 가르침을 들어서 지혜를 얻게 한다. 리理는 여래장의 이치를 사유하고 분석하여 통찰의 지혜를 얻어 여래장에 초점을 맞추는 것이다. 행行은 교와 리에서 얻은 지혜에 의지하여 여래장에 집중하고 선정과 지혜로써 잠재능력을 개발한다. 과果는 수행결과이다. 여래장에 은폐되어 있는 마음의 본성이 불생불멸, 불구부정, 부증불감임을 체득하고 생로병사가 없는 대자유의 깨달음을 얻어 모든 속박에서 벗어나는 것이다.

또한 이 과果는 수행과정이기도 하다. 그래서 초지이상의 결과인 깨달은 경지에 이른 수행자는 곧바로 중생을 구제하는 행으로 나타난다. 완전한 깨달음을 얻어 붓다가 되어도 끝나는 것이 아니라 끝없이 중생구제를 한다. 왜냐하면 마음의 시작점(境)이 과정(行)이면서 결과(果)이기 때문에 결과가 그대로 시작점이라서 그러하다. 말하자면 공적한 청정심은 자성이 없어 공적하기 때문에 인연을 따라 다른 모습을 나타내도 마음의 본성인 공적한 성품은 바뀌지 않는다. 그와 같이 청정심은 광석속의 진금과 같아 사마타와 위빠사나의 도구로 광석을 깨트리고 진금을 취할 수 있고 진금을 법신이라는 장신구를 만들 수 있다. 그러나 공적이라는 진금은 바뀌지 않는다.

2) 차 명상의 법칙, 깨달음

● 이와 같이 경-행-과는 명상 틀이다. 이 명상 틀에는 결과를 의지하여 명상하는 것과 원인을 의지하여 명상할 수 있음을 나타낸다. 전자는 즉각 깨닫고 난후 차츰 닦아가는 명상(先悟後修)이라면 후자는 먼저 차츰 닦아가면서 뒤에 깨달음을 이루는 명상(先修後悟)을 말한다. 왜냐하면 공적한 마음의 본성은 깨치거나 못 깨치거나 관계없이 드러나 있다. 비유하자면 씨앗에 흙이나 물 등의 조건이 만나면 싹이 돋아난다. 이것은 인위적이든

자연적이든 조건이 되면 싹이 돋아난다는 것이다.

인위적이란 깨치고자하는 의욕을 가지고 선지식에게 지도받으면서 수행하는 것이라면 자연적이라고 한 것은 수행이 무엇인지도 모르더라도 자연현상이 조건이 되어 깨달음이 일어날 수 있다. 조사어록에 보면 시장에서 두 사람이 싸우다가 화해하면서 자네 '볼 면목이 없네'라고 하는 말을 듣고 지나가던 수행자가 깨닫는 이야기도 여기에 해당한다. 이와 같이 조건이 즉각 갖추어지면 즉각 깨닫고 차츰 닦아가게 되고, 조건이 서서히 갖추어지면 먼저 닦아가면서 뒤에 깨달음이 이루어지는 것이다.

그래서 결과를 의지하여 명상하는 것은 바뀌지 않는 청정하고 공적한 성품에 의지하여 수행하는 것을 말한다. 공적한 본성에는 무명과 번뇌가 없다. 따라서 공적한 본성은 그대로 이理이다. 『금강삼매경론』에서는 안공리리유결安空理離有結이라고 하듯이 공리空理를 의지하여 번뇌를 즉각 없애므로 즉각 깨닫고(꽃피고) 차츰 닦아가는 방법(열매가 익어감)이다. 문제는 이것이 쉽지 않다는 것이다. 마음의 본성이 공적하다는 것을 즉각 깨닫는다는 것은 붓다와 조사祖師의 법문을 듣고 즉각 깨닫는 경우가 있다. 하지만 관건은 즉각 깨닫는 데 장애 없이 본성에 진입하는 것이다. 그 방법은 조사의 법문언구를 붙들고 수행하는 것이다. 즉 화두참구이다.

조사의 언구를 잡는다는 것은 곧 경절문徑截門이라 한다. 말의 길과 뜻의 길이 끊어진 문이라는 뜻이다. 마음의 본성을 가리고 있는 번뇌 망상을 무상·고·무아·공의 지혜로서 없애고 본성을 회복하여 깨닫는 길이 아니라는 것이다. 오로지 번뇌 망상이 접근할 수 없게 하고 오로지 마음의 공적한 본성에 코드를 맞추기 위해 조사의 언구를 잡고 머무는 것이다. 그래서 수미산, 방하착放下着, 구자무불성狗子無佛性 등의 조사 언구는 마음의 본성에 직행하는 방편이다. 방법상 단계가 없기 때문에 전후가 없고 시간의 흐름이 없다. 법法(마음의 공적한 본성—진여)에는 빠르고 느림이 없고 사람에게는 빠르고 느림이 있기 때문이다.[33] 선오후수先悟後修인 돈오점수頓悟漸修와 오수동시悟修同時인 돈오돈수頓悟頓修가 가능하다. 그러나 수행자에게는 조사의 언구를 잡고 수행하는 시간이 필요하다. 그런 의미에서는 선수후오先修後悟가 된다.

반면 원인을 의지하여 명상하는 것은 마음의 본성이 청정하여 생로병사가 없다. 생멸 없는 청정심이 생멸하는 번뇌를 만나면 생멸심을 없애는 작용을 한다. 왜냐하면 자신이 고통을 당하게 되면 그 고통은 무명번뇌로부터 일어나므로 청정심이라는 씨앗(원인)이 무명번뇌를 없애는 작용으로 저절로 생겨나 출리심出離心을 일으키는 것이다. 그래서 청정심은 원인의 뜻이 있으므로 씨앗이다. 그 청정심 씨앗의 모습이 바로 공리이다. 번뇌 망상을 이 공리로 알아차림으로써 이 공리에 의해 즉각 마음의 본성청정을 드러내는 것이다. 드러내지 못하면 청정심이라는 씨앗은 흙과 물과 온도라는 조건이 필요하며 그 조건이 맞으면 싹이 돋아나는 이치이다. 계학戒學은 흙과 같이 바탕이 되고 물과 온도라는 정학定學과 혜학慧學이라는 조건을 갖추어 가면 계학의 알아차림이 확립되어 번뇌를 알아차려 번뇌의 힘을 약화시킨다. 이 때 계학戒學의 알아차림으로 번뇌의 움직임을 멈추게 하며 정학의 집중이 공리에 머물러 번뇌가 일어나지 않게 하며 혜학의 공空 지혜가 칼이 되어 번뇌의 뿌리를 잘라낸다. 깨달음의 싹이 트고 줄기와 잎이 자라고 깨달음의 꽃이 피고 열매를 맺는 것이다.

또한 청정심이 중생의 고통을 만나면 그 고통이 무명번뇌로 인하여 생기므로 청정심이라는 씨앗이 고통과 공명하여 중생심이라는 무명번뇌를 없애는 작용으로 나타난다. 바로 공리가 작용하여 씨앗은 중생 구제하는 보리심을 일으킨다. 그러므로 씨앗에서 싹이 나오고 줄기와 잎이 나고(차츰 닦고) 꽃이 피고(깨닫고) 열매를 맺는(붓다) 방법이다. 즉, 조건이 서서히 갖추어지면 먼저 닦아가면서 뒤에 깨달음이 이루어지는 것이다. 이를 청정심을 원인으로 하여 명상하는 것이라고 말할 수 있다.

---

33) 육조단경

이와 같이 선오후수와 선수후오의 명상이 가능하다. 부언하자면 깨침의 문제는 원인과 조건이 갖추어지면 깨닫는 것이다. 명상은 바로 과果이면서 과정인 행行이며 행이면서 과果이기 때문이다. 그래서 경-행-과는 마음의 본성으로 모든 문제의 해결인 결과이면서 원인인 시작점이 바로 마음인 것이다. 따라서 경행과는 마음의 본성으로서 모든 문제의 해결인 결과이면서 시작점인 바로 마음인 것이다. 꿈속에서 여러 나라를 전전하면서 고초 당하다가 이것이 꿈 인줄 알고 깨어나 보니 침상에서 한 발자국도 옮기지 않았다는 사실과 같다. 이러한 마음의 본성을 알지 못하면 꿈속에서 여러 나라를 전전하면서 고초 당하는 것이다. 명상은 이러한 사실을 바르게 아는 방법이다.

5. 계정혜戒定慧 삼학三學의 체계를 갖춘 차명상

● 경행과境行果의 과정은 육바라밀이 수단이 되고 육바라밀은 바로 계정혜삼학이다. 계정혜삼학은 경행과의 과정과 같다. 계를 의지하여 선정을 얻고 선정을 의지하여 지혜를 얻어 깨달음을 이룬다. 경행과도 경境인 공적한 진여를 깨치기 위해 육바라밀 행을 하고 행行에 의해 깨달음이라는 결과를 얻는다. 이와 같이 이 삼학은 경행과와 그 궤軌를 같이 한다. 그래서 불교수행의 체계는 삼학인 계戒·정定·혜慧이다. 계·정·혜는 단속함[戒]·고요함[定]·지혜[慧]를 뜻하며 '단속하기', '집중하기', '통찰하기'로 풀어쓰기도 한다. 모든 명상의 바탕은 단속함·고요함·지혜를 바탕으로 한다. 특히 계戒의 단속은 정의 집중과 혜의 분석통찰 속에도 있다. 알아차림을 통한 단속(도덕을 통한 단속), 집중을 통한 단속, 지혜를 통한 단속이 그것이다. 이를 기반으로 마음의 고요함은 집중하기의 사마타로 성취하고 지혜는 통찰하기의 위빠사나로 얻는다.

차명상의 수행방법은 크게 두 가지로 구분할 수 있다. 하나는 '다구茶具를 갖추고 차를 우리면서 온도감을 느끼고 차 따르는 소리를 듣고, 차 빛깔을 보고 향을 맞으며 맛을 음미하는 것으로 오감五感을 알아차리는 명상'이다. 차의 오감을 알아차리는 명상에는 다구를 갖추고 찻잎과 물과 불 그리고 다구茶具를 다루고 준비하는 다례茶禮와 다도茶道의 과정이 포함되어 있다. 이 모두는 감각기관을 단속하고 오감을 알아차리는 명상이 생각과 감정을 길들이고 고요하게 한다. 오감을 알아차리는 명상에도 '차 도구를 갖추고 차를 우리는 모든 과정의 행다선'과 '차의 색향미를 알아차리는 명상'으로 나눌 수 있다. 여기에는 오감을 통해 일어나는 몸과 마음의 감정과 심리까지 알아차림이 되면 알아차림의 힘이 좋아진 것이다.

둘은 차를 통해 일어나는 오감을 알아차리는 명상에서 한 발 더 나아가서 과거는 지나가서 없고 미래는 오지 않아 없으며 현재도 머물지 않음을 알아차리고 이 무상에서 고·무아·공을 알아차려 가면 모든 존재의 공통되는 현상인 법을 알아차리는 명상이다. 이 차명상은 지혜를 계발한다. 대상이 고정되어 있고, 분리, 실체로 보는 무지를 없애고 감정과 생각으로부터 자유롭고 외적 대상으로부터도 자유롭게 한다.

이러한 두 가지 구분되는 명상의 과정은 모두 계·정·혜 삼학으로 연결되어 있다. 차명상을 하는 수행자는 차를 우려내고 마시면서 '단속하기', '집중하기', '통찰하기'를 연습하게 되는데 그 과정을 간단하게 살펴보면 다음과 같다. '오감을 알아차리기 차명상'은 '단속하기'와 '집중하기'이다. 이 차명상을 통해 현재 자신이 어떤 습관으로 어떻게 살고 있는지를 매순간 알아차리게 한다. 차를 통하여 몸과 입과 마음이 반응하는 것을 알아차림으로 감각기관의 단속은 생각과 감정의 표현을 조정하는 계학의 특성과 유사하다. 또 '집중하기'를 통해 탐욕과 분노를 줄이는 유익한 정신 상태를 가지는 법을 배운다.

'법을 선택하는 차명상'은 '통찰하기'의 혜학에 속한다. 차를 통해 일어나는 오감을 알아차리면서 오감이 ① 감각기관[根]과 ② 차라는 경계[境]가 만나서 일어나는 ③ 인식[識]의 삼사화합三事和合으로 일어남을 알아차리고 삼사화합의 오감이 무상하게 변하고 불만족스럽고 자아가 없고 실체가 없음을 바르게 사유하고 통찰하여 아는 것이다. 이 앎의 지혜가 경험되는 차의 색향미에 반응하는 감정과 심리를 법으로 보는 것이다. 차를 통해 일어나는 감각과 반응하는 후회, 불안, 초조, 근심 등의 장애를 법으로 보는 지혜에 의해 멈추거나 사라진다. 이 '통찰하기'를 통해 낡은 고정관념을 타파하고 가치관의 변화를 이끌어낸다.

차명상은 마음을 외부의 대상에서 내부의 대상으로 주의를 전환하고 내 안의 현상들이 모두 조건에 의해 일어나고 사라진다는 사실을 파악하게 된다. 이 알아차림의 집중과 사유통찰이 자신을 객관화시켜 현상을 법으로 보도록 돕는다. 법을 선택하는 지혜란 현상을 있는 그대로 알아차리고 그 현상의 진실을 분석 통찰하는 지혜를 말한다. 결과적으로 차명상은 마음을 가라앉히면서 집중과 통찰의 힘을 키울 수 있도록 돕는다.

정리하자면 차명상은 심리적 고통과 갈등을 해소하고 대자유를 얻기 위해 첫째 행동을 단속[戒]하고, 이어서 정서적 안정[定]과 그리고 법을 선택하는 인지적 통찰[慧]에 이르기 위한 세 측면을 계발하기 위해 노력하는 명상이다. 마음의 내적 태도를 변화시켜서 계정혜 삼학(단속, 집중, 통찰)의 수행체계를 갖추는 차명상법은 이 시대 현대인들에게 꼭 필요하면서 효과적인 명상법이 될 수 있다. 따라서 '단속하기', '집중하기', '통찰하기'의 각 단계가 차명상 과정에서 어떻게 나타나는지 더욱 자세히 살펴보도록 한다.

1) 단속하기

● 차명상에는 단속과 도덕이라는 윤리적 실천 덕목이 담겨있다. 차는 고요히 나를 들여다보고 흐트러진 마음을 다스리게 해주는 매개체이다. 차명상은 '단속하기'를 통해 현재 자신이 어떤 습관으로 어떻게 살고 있는지를 대상에 반응하는 몸과 말과 생각, 감정을 알아차리게 한다. 차라는 매개물을 통해 눈, 귀 등의 감각기관을 단속하고 조절하는 것은 외부의 대상에 반응하는 감정 표현과 갖가지 생각을 단속하고 정리하는 계학의 특성을 가지고 있다. 이 과정에서 차의 빛깔과 향기와 깊은 맛을 음미하는 경우 차도구의 배열과 물도 중요하고, 물을 잘 끓이는 온도, 차의 양과 물의 양을 적절하게 조절하여 차를 우리는 시간과 차를 마시는 방법까지도 모두 주의를 기울여 알아차린다. 외적 대상에 반응하는 몸과 입과 마음의 욕구를 알아차려 절제하는 길, 이것이 차명상의 첫 번째 과정에서 다루어야 할 내용이다. 차명상의 단속은 단순히 참는 것이 아니라 차를 다루는 과정에서 주의를 기울이고, 알아차리는 그 힘을 기르는 것이다. 이 과정이 원만히 진행되면 다른 외부의 자극을 현저하게 줄이고 자신의 탐·진·치가 외부로 표현되는 것 역시 억제할 수 있다.

차를 만들 때의 올바른 마음가짐을 위해 차를 마시는 방법을 진행하면서 수행자는 스스로 몸과 입과 마음의 움직임을 알아차려서 감각기관을 단속하여 품성品性을 가꿀 수 있다. 이것은 차명상의 기본 가운데 하나로 품성에서 요구되는 것은 윤리적 가치에 있어서 자기 자신을 스스로 길들이는 일이다. 자기 자신을 알아차림으로 부정적인 감정과 생각을 억제하고 자기 자신에게 스스로 이기는 것은 자신에 대한 또 다른 지배자를 갖지 않고 깨어있는 자신의 자유를 얻는 방법이다. 탐욕과 성냄에 자신의 욕구를 표출하는 것을 단속하는 일은 자기 자신과 싸움이라 할 수 있다. 차명상을 통해 번뇌에 휘둘리는 자기 자신의 번뇌를 이기는 것은 그야말로 놀라운 성과 중의 하나일 것이다.

감각기관을 단속하는 차명상은 계학을 바탕으로 정학과 혜학으로 이끌어주는 과정을 통해 두루 사용된다. 감각기관의 단속은 크게 두 가지로 구성되어 있다. 하나는 외부 대상의 자극에 안으로 반응하는 것이 일어나지 못하게 하는 단속이며, 다른 하나는 외부 대상의 자극에 의하여 반응하는 이것이 안으로 일어나더라도 비윤리적 행위로 발전되지 않도록 절제하는 단속이다. 차를 통한 차명상의 시작은 절제하고 단속하는 계행이다. 이러한 훈련은 대상에 반응하는 눈, 귀 등의 감각기관을 단속하는 것이다. 이 단속이 집중[정학]의 기반이자 뿌리가 된다. 알아차림으로 단속하는 계행을 갖추어야 육근에 대한 조절과 마음 길들임이 가능해진다. 점진적으로 차를 대상으로 하는 명상의 영역이 확장되는 것이다. 따라서 절제와 단속하는 계행이 없는 집중은 뿌리 없는 줄기와 같다.

2) 집중하기

● 차명상에서의 집중하기는 감각기관을 단속하는 알아차림이 힘을 받아 어떠한 대상을 알아차리든 감정과 생각의 개입 없이 순수하게 알아차림이 될 때 찰나삼매가 일어난다. 이 때의 알아차림이 집중하기의 알아차림이다. 물론 내적인 감각, 감정, 생각들도 알아차림의 대상이 되기 시작하는 것이다. 처음부터 내적 통찰을 하는 것은 어렵기에 차라는 물질을 통해 집중의 효과를 유도하는 것이다. 이처럼 몸뿐만 아니라 차도 물질을 이루는 흙, 물, 불, 바람의 4대 요소의 현상을 관찰할 수 있는 수행 도구가 될 수 있다. 허공의 요소까지 더하여 5대의 현상을 관찰할 수 있다. 이 5대 요소의 현상은 물질적이지만 색깔로 나타나며 신체의 차크라에 반응하며 심리도 일으킨다.

흙의 요소는 무거움, 가벼움, 부드러움, 거침 등의 현상으로 나타나며 색깔은 노랑색이며 노랑색 파장은 배꼽 차크라가 반응하게 하며 심리는 부정적인 것은 고집, 자만이라면 긍정적인 것은 평등심을 일으킨다.

물의 요소는 응집력으로 나타난다. 몸의 현상으로는 나타나지 않지만 차 맛을 볼 때 나타날 수 있다. 색깔은 흰색이며 그 파장은 심장이 있는 가슴 차크라가 반응하게 한다. 부정적인 심리는 분노이며 긍정적인 심리는 사랑, 연민, 관용, 용서 등을 일으킨다.

불의 요소는 따뜻함과 차가움이라는 체온이다. 찻물에도 이러한 현상이 있다. 색깔은 붉은색이며 그 파장은 목 차크라가 반응하게 한다. 부정적인 심리는 탐욕이며 긍정적인 심리는 이타심을 일으킨다.
바람의 요소는 움직이는 에너지이다. 즉, 기운을 말한다. 몸의 현상으로 나타나며 차 맛의 기운도 알 수 있다. 색체는 녹색이며 그 파장은 미간과 배 차크라에 영향을 준다. 부정적인 심리는 시기질투이며 긍정적인 심리는 공정심, 평안을 일으킨다.

허공의 요소는 텅 빔인데 색깔은 파랑색이며 그 파장은 정수리 차크라에 영향을 주어 반응하게 한다. 부정적인 심리는 어리석음이며 긍정적인 심리는 지혜를 일으킨다.

차명상을 통한 나타나는 5대 현상은 모두 감각으로 나타나므로 감각 알아차리기가 명상수행이 된다. 여기에는 두 단계로 나뉜다. 첫 단계는 5대의 현상이 감각으로 나타나므로 감각 알아차리기라면 두 번째 단계는 감각 알아차림을 놓치게 되면 그 감각으로부터 갖가지 심리가 일어난다. 갖가지 일어나는 감정과 생각들을 알아차리는 것이다.

1단계에서는 행다를 할 때 찻잔을 들고 놓은 움직임과 찻잔을 잡을 때의 느낌 등을 알아차린다. 차 맛을 본다면 이 차 맛에 대해 좋아하고 싫어하는 정신적인 느낌도 알아차린다. 1단계의 감각 알아차림이 익숙하다면 감각기관을 단속하는 것이 되며 그 다음 2단계를 시도한다. 2단계에서 느낌을 통하여 일어나는 정신현상을 알아차린다. 예를 들어, 찻잔을 잡았는데 뜨거움에 기분이 안 좋아질 수도 있다. 1단계에서는 뜨겁다는 감각을 알아차렸다면 2단계에서는 그 뜨거운 감각이 나의 마음에 어떠한 영향을 미치는지 살펴보는 것이다. 만일 뜨겁다고 하면서 기분이 나빠질 수도 있으며 차를 따라준 사람을 원망할 수도 있다. 하지만 이때 기분이 나빠지거나 화가 나고 있는 마음을 알아차리는 것이다. 차 맛이 좋아서 다른 사람들보다 더 많이 마시고 싶은 욕구가 일어날 수도 있다. 2단계에서는 이러한 마음도 알아차림의 대상으로 삼는다.

그래서 1단계가 외적 대상과 접촉하여 일어나는 감각에 대한 알아차림이었다면 2단계는 내적 대상인 정신현상에 대한 알아차림이라고 볼 수 있다. 만약 탐욕의 마음과 성냄의 마음이 일어났으면 이들의 마음이 일어났다는 사실을 분명히 알아차린다. 알아차림이 분명하면 이와 같은 불선不善한 마음은 멈춘다. 만약 불선한 마음이 쉽게 멈추지 않으면 '탐욕', '성냄'이라고 마음속으로 명칭을 붙여 알아차린다. 이러한 과정에서 진행되는 중요한 마음작용은 집중이 생기고 마음을 대상으로부터 챙기게 된다. 그러나 지혜가 계발되지 않는다. 단지 찰나삼매를 얻는 집중이 생길뿐이다. 단순히 감각과 움직임을 알아차리는 수준은 주시와 집중의 힘을 기를 수 있으며 이러한 힘은 현상을 해체시켜 진실을 있는 그대로 볼 수 있는 단계인 통찰하기로 이어진다.

3) 통찰하기

● 차명상 과정의 마지막 단계는 바로 통찰하기 [慧]이다. 삼학 중 통찰하기와 관련된 혜학은 계학과 정학의 바탕 위에서 확립된다. 따라서 혜학은 현상이 생멸하는 원인과 조건을 파악하는 위빠사나 지혜의 힘을 갖추고 있다. 결국, 몸이나 마음에서 나타나는 현상의 파악에 그치는 것이 아니라 우리 안에 잠재해 있는 삼독심의 잠재적 성향까지도 잘라낼 수 있는 지혜이다.

지혜는 차를 통하여 몸을 이루고 심리를 일으키는 5대의 현상을 알아차리고 몸과 마음에서 일어나고 사라지는 현상을 면밀히 알아차림으로써 '고정되어 있다' '다른 것과 분리되어 있다' '실체를 갖고 스스로 존재한다'는 잘못된 견해를 없앤다. 잘못된 견해로 생기는 마음의 움직임이 탐욕과 분노 등의 부정적인 감정과 심리이다. 따라서 마음의 움직임을 업業이라고 한다. 이 업이 괴로움을 가져오는 원인이다. 앞서 다룬 차명상의 집중과 알아차림은 현상을 단순하게 알아차리고 집중되어 있기에, 집중하기의 차명상은 엄밀히 따지면 혜학을 돕는 조건이자 바탕이지 혜학 자체가 아니다.

차명상(茶冥想)을 통하여 있는 그대로 볼 수 있는 지혜의 계발은 어렵지 않다. 차는 미세한 음식이다. 주변의 기후, 물의 온도, 습도 등에 가장 민감하게 반응하는 음식이다. 그러므로 미세한 차의 색감, 향기, 맛을 음미하는 과정에서 주의력은 자동으로 향상되고, 그 변화의 관찰을 통해 모든 것이 과거는 지나가서 없고 미래는 오지 않아 없으며 현재도 머물지 않는 무상을 파악할 수 있다. 이 과정에서 현상을 해체하여 진실을 있는 그대로 보는 무상의 지혜가 생기기 시작한다. 차명상은 이러한 무상 관찰을 통해 마음이 현재 순간에 경험하는 차를 통해 과거와 미래로 가지 않고 현재 순간에 깨어있게 된다. 대상을 고정, 분리, 실체로 보는 무지는 사라진다. 또한 무상한 것은 만족스러운 것이 없음을 알게 된다. 불만족스러운 것은 소유하지 않는[無所有] 마음이 일어난다. 이것은 괴로움의 지혜이다. 불만족스러운 것은 자기 뜻대로 조절이 불가능하다. 그래서 주재하는 자아가 없는 무아임을 알게 된다. 무상·고·무아는 연결되어 있는 한 세트이다. 이렇게 무상을 통하여 괴로움과 무아의 지혜를 얻는다. 이것이 혜학이다.

앞서 설명했다시피 차명상의 계학에서 알아차림으로써 감각기관을 단속하는 데에 집중했다면 차명상의 정학에서는 행다와 차의 색향미 자체를 대상으로 알아차림의 집중으로 5대라는 물질의 요소를 알아차리고 그 물질의 요소에 기반하여 일어나는 자신의 정신현상까지도 객관적으로 알아차리는 명상방법이다. 차명상의 혜학은 물질현상과 정신현상이 일어나고 사라지는 현상을 분명하게 관찰하고 일어나고 사라지는 현상을 과거, 현재, 미래로 나누어 면밀히 관찰함으로써 현상의 진실을 있는 그대로 보는 지혜의 힘을 계발한다. 단속과 집중이라는 계학과 정학의 성장은 현상을 있는 그대로 보는 지혜의 힘을 키우는 데 조건이 되고 바탕이 된다.

차명상의 계정혜 명상이 몸과 마음의 현상을 객관적으로 알게 하는 메타 인지의 기능까지 활성화시키고, 분노조절장애를 극복하는 자재력과 스스로 하고 있는 모든 행위를 스스로 아는 자각하는 힘과 사물과 사건을 지혜로 꿰뚫어보는 통찰까지 갖추는 것이다.

정리하자면 차명상의 수행자가 차라고 하는 대상에 알아차리고 있을 때 일어나는 불선한 마음이 더 이상 활개를 치지 못하게 한다. 이는 계학이 갖추어지는 것이다. 또한, 그가 차의 현상에 집중하고 있을 때 알아차림에 의해 집중과 대상으로부터 마음을 챙기는 힘은 유지되고 차에 대한 순수한 알아차림이 성장하고 찰나삼매를 얻는다. 불선한 마음은 더 이상 숨을 죽이고 의식위에는 올라오지 않는다. 이는 정학이 갖추어지고 있다는 반증이다. 그리고 그가 성숙한 집중과 무상을 알아차리는 힘으로 차를 다루고 있을 때 '나'라고 할 만한 고정된 관념이 들어갈 틈은 없다. 이러한 과정의 반복은 변화하는 조건화된 현상들만이 있다는 사실을 알게 해준다. 더 이상 올라오는 부정적인 감정과 생각은 올라오는 즉시 그 뿌리가 잘려버리고 없다. 이는 혜학이 갖추어지는 현상이다.

6. 차명상의 요소

계정혜삼학의 체계를 갖추고 있는 차명상은 차를 매개로 하는 명상이므로 다관, 물 식힘 그릇, 찻잔, 차 통, 차상 등의 도구를 가지고 있고, 알아차림과 분석사유, 상상과 자비심, 그리고 언구가 차명상을 구성하는 요소가 되며 또한 이 요소들이 하나의 스토리를 구성하고 그 스토리 속에서 다르마를 인식하고 깨달을 수 있는 조건이 된다. 하지만 차명상을 하게하는 동기가 없으면 차명상이 성립될 수 없다.

1) 명상찻잔

● 차명상의 가장 기본적인 요소는 명상 도구로 사용할 찻잔이다. 마음은 몸을 의지하여 대상의 영향을 받아 일어나며 그 대상이 어떠냐에 따라 마음의 성격이 달라진다. 즉, 마음은 대상을 닮는다. 따라서 마음이 진리의 모습을 닮아가고 결국 진리를 깨치기 위해서는 진리를 대상으로 삼아야 한다. 다선일미의 진리를 깨우치기 위해서 대상으로 삼을만한 명상도구로 찻잔이 가장 적합하다. 차명상을 할 때 찻잔에 오롯이 집중한다면 수행자는 무경계·무조작 상태의 한마음에 이를 수 있다.

2) 상상과 자비심, 그리고 언구

● 상상은 차명상 중에서도 자비다선에 유용한 요소로, 상상은 자비심을 키우고 자비심은 습관화된 부정적인 심리를 없애며 긍정적인 것을 증진 시킨다. 이는 사마타관의 일종으로 투영된 영상을 직관하여 고요함을 얻고 자비심을 키우고자 차 공양의 이미지를 내면에 투영하는 것을 일컫는다. 직관의 힘을 키우고 고요함을 얻는 데는 이보다 더 좋은 방법은 없을 것이다. 투영된 이미지와 합일하여 존재의 본질이 드러나면 그 본질에 대해 집중해 가는 방법 또한 알아차림[正念]으로써 행해지는 사마타관 수행이다.

상상을 통해 자비심을 키우는 과정은 다음과 같다. 우선 상상 속에서 일체의 차 도구를 갖추고 차 공양 올리는 모습을 생생하게 현실처럼 내면에 투영한다. 즉, 동작 하나하나를 실제와 똑같이 상상하는 것이다. 그와 동시에 관계를 소통시키는 느낌·이미지·감정·생각을 상상으로 일으키고 '사랑한다' '감사하다' '고맙다'

'용서한다'라고 마음속으로 말을 건다. 이러한 과정을 통해 타자의 어려움을 해결하고자 발원하거나 공양물을 올리는 것을 상상하는 것은 자비심을 키워주고 이러한 자비심은 막힌 것을 뚫어주고 끊어진 것을 이어주며 생명을 불어넣어 그물과 같이 불이의 연기실상을 구현한다. 자비는 관계 속에서 일어나므로 그 속성은 무아이기 때문에 수행자는 자비심을 일으킨 결과 무아를 깨닫게 된다. 또한, 자비심은 막힘과 단절 때문에 파생한 고통을 해소하고 불생불멸의 열반락(涅槃樂)을 성취케 한다. 자비다선 외에도 현실을 상상력으로 투영하는 것은 행다선, 색향미 한마음 다선에서도 유용한 방법이다.

3) 알아차림과 분석사유

　　　　　　　　　• 차명상에서 알아차림과 인연생멸의 현상에 대해 직관하고 분석·사유하는 것은 고요함[定]과 지혜를 일으키는 요소이다. 이는 사마타와 마찬가지로 알아차림[正念]으로써 행해지는 위빠사나와 관계성 사유와 고요함을 의지하여 내면에서 일어나는 갖가지 영상과 심리를 알아차리면서 통찰하여 사유하는 것도 모두 위빠사나 수행이다. 위빠사나의 알아차림은 차를 통해 오감으로부터 일어나는 감각을 알아차리는 것이다. 즉, 눈으로 색을 알아차리고 코로 향기를 알아차리며 혀로 맛을 알아차리며 귀로 소리를 알아차리며 접촉 때문에 일어나는 감촉[가벼움, 무거움, 부드러움, 따뜻함, 차가움 등]을 알아차리는 것인데, 이렇게 오감의 감각을 아는 것은 일체를 아는 것이다. 왜냐하면, 감각을 통해서 일체 모든 것이 드러나기 때문이다. 또한 분석하여 통찰하는 위빠사나는 눈으로 볼 수 없고 만질 수 없는 무아, 공, 마음의 본성을 사유로 분석하고 통찰하여 진실을 알게 하는 지혜명상이다.

4) 동기

　　　　　　　　　• 차명상 수행에는 동기가 무척 중요한 요소이다. 수행의 출발을 인지因地라고 하며, 수행의 끝인 깨달음은 과지果地라고 하는데,

동기는 수행의 출발에서 괴로움을 자각하고 여기서 벗어나고자 깨달음을 구하면서 모든 생명을 괴로움으로부터 구하겠다는 서원을 세우는 역할을 한다. 모든 생명의 괴로움을 자각하면 수행하고자 하는 동기가 일어나는데 동기를 가진 수행자는 모든 생명과 사람들을 괴로움에서 벗어날 수 있도록 돕고자 하며 그러기 위해 지혜를 일깨워 수행함으로써 깨달음이라는 결과를 이룬다. 수행은 모두 인과로 이루어져 있기 때문이다.

7. 차명상의 종류와 차명상의 효과

1) 차명상의 종류

● 차를 통해 선을 할 수 있는 방법은 여러 가지가 있다. 차명상의 종류에 관하여 행다行茶를 통해 지혜가 계발되어 몸과 마음이 고요해진다면 '행다선行茶禪'이요, 차의 다섯 가지 색채를 통해 집중과 지혜가 생겨 부정적인 심리가 정화되면 '오색차 다선'이요, 차의 색·향·미를 통해서 무상·고·무아·공을 알게 되면서 몸과 마음이 고요해진다면 '색향미 다선'이 된다. 그리고 자비심으로 차 공양을 다른 이에게 올려서 몸과 마음이 고요해진다면 '자비다선'이 되며 차의 일미一味를 통해서 모든 것을 일미로 꿰뚫어 몸과 마음이 고요해진다면 '일미다선'이 된다.[34] 보다 구체적으로 차명상의 종류와 특징에 대해서 살펴보자면 다음과 같다.

(1) 다실 꾸미기 뜻 새기기 명상

다실 꾸미기 뜻 새기기 명상은 집에서부터 깨침의 다실에서 차를 마시기까지의 모든 과정의 이미지를 상상하여 진행하는 명상이다. 이러한 명상은 수행

---

34) 지운(2009), 위의 책.

의 결의를 다지는 동력으로 작용하며 출발과 목적지에 이르는 길을 미리 아는 깨달음의 지도로서 역할 한다. 이 지도는 잠재된 무한한 가능성에 자극을 주며 삶과 죽음의 괴로움을 일으키는 무지와 번뇌를 소멸하게 한다. 또한, 이 지도에 새겨진 길은 밖에서 안으로, 형상에서 무형상으로, 현상에서 본성으로 들어가게 하는 길이다.

이 명상을 진행하는 방법은 다음과 같다. 명상을 시작하기에 앞서 전체 이미지를 먼저 떠올린다. 전체 이미지 떠올리기를 하는 이유는 '깨침의 다실 꾸미기 뜻 새기기'시각화 명상을 잘하기 위함이다. 전 과정의 뜻을 이해하고 난 뒤에는 집에서부터 깨달음의 방으로 이어지는 전 과정의 이미지를 한눈에 들오게끔 시각화한다. 시각화가 잘 안 될 때는 반복해서 해보는데, 반복하는 것은 번뇌를 잠재우고 집중력을 키우며 깨달음의 이치와 그 과정을 이해하게 해준다.

가장 먼저 시각화하는 이미지는 명상정원에서 오솔길을 지나 정자 다실로 가는 이미지이다. 그 다음에는 정자의 다실로 들어가는 이미지를 떠올린다. 들어가는 도중에 다실 밖을 되돌아보는 이미지도 떠올린다. 마지막으로 다실 안의 이미지를 떠올린다. 각 이미지는 최대한 구체적으로 충분한 시간을 가지고 시각화를 하며 명상의 마무리는 몸과 마음의 변화를 살펴보는 것으로 한다.

(2) 행다선

행다선은 행다하는 움직임과 접촉되는 감각을 알아차림하여 지혜와 고요함을 이끌어내는 차명상이다. 고요함이란 일체 번뇌 망상이 일어나지 않는 상태이며 번뇌 망상이 제거된 상태이다. 이러한 '고요함'은 한 대상에 집중하여 생각의 흐름이 중지되어 고요해지는 마음 상태[사마타]를 말하는 동시에 움직이는 모든 현상을 사유 통찰함으로써 고요해지는 마음 상태를 말한다[위빠사나관]. 다시 말해 행다선은 알아차림의 사마타관과 사유함의 위빠사나관으로 마음의 상태를 고요하게 하는 차명상인 것이다.

사유와 알아차림이란 행다선 할 때의 움직이는 몸과 마음의 모든 현상을 알아차리는 것이다. 알아차림을 통한 사유로써 행다선의 수행은 모든 것이 상호관계의 인드라망과 같이 서로 연결되어 있고 생명을 깨치게 하며 그로 말미암아 의식이 부분에서 전체로 깨어나게 하는 지혜로 이어진다.
행다선을 할 때의 시간과 장소는 고요함을 끌어내는 환경일 때 최적의 조건을 갖춘다. 만약 음악을 이용할 경우에는 고요함과 편안함을 이끌어낼 수 있는 음악이 효과적이다. 그리고 모든 도구는 찻잔의 크기와 모양과 색깔, 그리고 문양의 의미와 위치 등까지도 주의하고 집중할 수 있는 조건이어야 한다. 찻잔을 들 때에는 한 손으로는 찻잔을 연꽃송이가 피어 있는 것처럼 감싸서 들고, 다른 한 손으로는 찻잔을 든 손을 가볍게 받쳐주어서 안정감을 주어야 한다.

연꽃송이가 피듯 든다는 것의 의미는 연꽃의 상징인 청정과 정화의 의미를 시각적으로 보여주는 것으로 마음을 명료하고 편안하게 하는 효과가 있다. 또한, 연꽃의 모양이 아름다우므로 기쁨이 배어나게 하는데 기쁨은 고요함[定]의 한 요소가 된다. 두 손으로 받쳐 들 때는 합장하듯이 하여 너와 내가 하나임을 보여주며 공경과 내면의 무아가 드러나게 해야 한다.

행다선을 여러 사람이 함께하는 경우에는 수행자들이 입는 옷의 모양도 중요하다. 색깔은 단정하고 수수하여 시각적으로 눈에 거슬리는 점이 없도록 함으로써 주의ㆍ집중이 잘되도록 해야 한다. 또한, 시연의 동작 역시 유연하여 모두 주의ㆍ집중 할 수 있도록 해야 한다. 단, 경건함이 지나쳐서 사관생도와 같이 너무 절도 있거나 지나친 의례는 도리어 긴장되고 경직되게 하여 번뇌를 일으키게 되므로 주의할 필요가 있다. 정리하면 행다의 최적 환경인 고요함을 이끌어내기 위해서는 모든 움직임이 물 흐르듯, 꽃 피듯 자연스러워야 한다. 그래야만 마음이 거울같이 되고 깨어날 수 있다.

(3) 색 · 향 · 미 감로차 마시기 명상

'감로'는 불생불멸의 열반을 비유한 말이며 불사(不死)의 뜻도 가지고 있다. 따라서 감로수는 불사의 약이며 열반은 공성이라 할 수 있다. 그러므로 감로차를 마실 때는 감로차를 공성으로 직관하면 깨달음을 얻을 수 있다.

색 · 향 · 미 감로차 마시기 명상은 차가 가진 기운이 자연스럽게 신체 부위로 흐르도록 하는 명상이다. 차는 커피와 다르게 흐르는 기운이 있다. 열매는 갈무리하는 성격이 있는 반면에 찻잎은 발산의 성품이 있어서 찻잎을 차로 법제해도 그 성격이 사라지지 않는다. 발산하는 차의 기운은 명상을 도와주고 다선일미의 깨달음을 성취하게 하는 조건이 된다.

화가 나면 화의 불기운으로 얼굴이 붉어지며 화의 불기운은 목, 혀, 눈, 머리에 악영향을 주어 갖가지 병을 일으킨다. 반면에 차를 마시면 물의 청량한 기운이 머리로 올라가게 되고 불의 뜨거운 기운은 아래로 내려간다. 좋은 차는 마시면 마실수록 차의 그 기운으로 몸과 마음이 가벼워지는데 차의 기운이 의식을 각성시키고 집중과 분석에 도움이 되기 때문이다.

우리의 마음과 기운은 분리되어 있지 않으며, 따라서 우리가 신체의 어느 부위에 마음을 두게 되면 자연히 기운의 흐름이 마음을 둔 신체 부위로 흐르게 된다. 감로차 명상을 통해 발가락이나 손가락, 정수리에 찻물 스며들기를 할 때는 의도적으로 마음을 일으켜 기운을 발가락으로 내리거나 손가락으로 내리거나 정수리 쪽으로 올리지 않도록 주의해야 한다. 의식이 있는 곳이면 에너지가 그쪽으로 저절로 흐르는데, 의도적으로 기운을 움직이면 몸에 결절이 생겨 기공병氣功病에 걸릴 수 있다. 감로차 명상은 우리 몸에 흐르는 기운들을 잘 알고 할 때 명상의 효과를 더 높일 수 있다.

(4) 자비다선

자비다선은 먼저 행복다선이 수행된 다음 해원결다선으로 이어진다.

행복다선은 사랑의 행복다선이라고도 하는데 사랑은 행복을 가져오기 때문이다. 사랑의 종류에는 애愛와 자慈 두 가지가 있다. 애愛는 물건이나 상대를 소유하려고 하거나 소유함으로써 일어나는 사랑을 가리키는 데 반해, 자慈는 무소유이며 도리어 상대에게 주어서 기쁨을 주는 사랑을 말하며 그 속성은 무아이다. 사랑다선에서 사랑은 자慈에 해당하므로 사랑다선은 차를 마시면서 사람을 비롯한 생명 있는 이들에게 먼저 번영이 있기를 바라고 잘되기를 바라는 차명상이다. 또한, 사랑다선에서 사랑은 고통이나 괴로움이 없기를 바라는 마음이 번영과 이익을 행하는 모습을 가진다.

해원결 다선은 연민심 다선이라고도 하며 행복다선 이후에 진행되는 자비다선이다. 사랑의 행복다선을 하면 행복이 넘치며 자애로운 생각이 일어나는데 이를 토대로 한마음을 갖출 때 연민이 자라게 되기 때문이다. 마치 땅에 씨앗을 심고 물을 주면 씨앗이 자라나듯이 우리의 마음에 사랑[慈]의 물을 주고 연민의 씨앗을 심으면, 연민은 빠르게 그리고 별 어려움 없이 자란다.

사랑과 마찬가지로 슬픔의 종류도 두 가지인데 애哀와 비悲가 바로 그것이다. 애哀와 오욕五慈을 소유하는 즐거움과 관련이 있는데, 그 즐거움이 좌절될 시 나타나는 슬픔이다. 반면에 비悲는 다른 이의 고통을 아파하며 그 고통이 제거되기를 바라는 마음에서 나오는 슬픔이다. 연민의 바탕은 다른 사람들의 행복과 괴로움에 관심을 두는 것으로 연민심을 가진 사람은 다른 사람들이 불행하다는 것에 괴로워하며 그들을 괴로움에서 건지겠다는 생각을 한다. 따라서 애哀는 연민심이 될 수 없고 비悲는 연민심이 되며 그 속성은 무아이다. 해원결 다선의 차명상에서 나타나는 슬픔은 연민의 비悲이며 이러한 차명상을 통해 수행자는 다른 이의 고통을 보고 참지 못하는 마음을 가지고 타인을 괴롭히지 않으려는 선한 마음을 표출하게 된다.

(5) 오색차 명상

오색차 명상은 명상도구인 명상찻잔이 없이도 할 수 있는데 상상으로 차명상을 하면 되기 때문이다. 오색차 명상에 사용되는 다섯 가지 차 색채에 치유 효과가 있으려면 조건이 있는데 그건 바로 투명하고 맑은 색의 빛이어야 한다는 점이다. 색채가 맑고 찬란할수록 효과는 극대화된다. 맑고 투명하다는 것은 곧 한마음을 보는 깨달음의 바탕이기 때문이다. 오색차 명상은 차크라 중심의 명상으로 몸의 생체 에너지와 그 통로를 활성화하여 몸을 깨우고 질병을 예방한다. 오색차 명상의 궁극적 목적은 생체 에너지와 관련되어 일어나는 여러 가지 심리를 안정시키고 더 나아가 공의 지혜를 깨워 무지를 타파하며 마음의 본성인 청명한 마음 빛을 깨치고 체득하는 데 있다.

파랑색은 얼굴에 나타나는 화와 무지를 다스리며, 녹색은 시기질투와 불안감을, 붉은색은 탐욕을, 흰색은 슬픔, 화냄으로 인하여 생기는 가슴의 아픔, 응어리, 삿된 견해 등을, 노랑색은 자만과 고집을 다스린다. 즉 5색채가 감정과 심리를 다스리는 것이다. 오색차 명상의 순서는 회음부 차크라에서 시작하여 정수리 차크라에서 끝난다.

(6) 색한마음 차명상

색한마음 차명상은 우선 찻잔, 옹달샘, 연못, 호수, 바다, 하늘 순으로 시각화 과정을 거친다. 이 과정은 색즉시공色卽是空의 삼매를 얻는 과정이다.

그다음에는 역순으로 하늘에서 찻잔으로 내려오는 시각화 과정을 거치는데 이는 공즉시색空即是色으로 지혜를 일으키는 과정이다. 이 모든 과정은 그냥 상상만으로 실습하는 것이 가능하므로 차명상 중 색한마음 명상은 쉬운 편에 속한다.

색한마음 차명상은 이미지를 이용한 스토리가 있다는 것을 특징으로 하는데 이는 무상 등의 법(다르마)을 드러내는 기능을 한다. 예를 들면 찻잔에서 옹달샘으로 나아가는 과정에서 옹달샘에서 물이 퐁퐁 솟아오르고, 연못으로 가면 연못에는 연꽃이 피어 있으며 연못에 금붕어가 살고, 호수에는 돛단배가 지나가고, 바다에는 여객선이 저 수평선 넘어 지나가며 하늘로 가면 흰 구름이 지나간다는 식으로 시각화 된 이미지 안에 스토리가 존재한다. 그러나 하늘에서 바다로, 호수로, 연못으로 다시 내려올 때는 구름, 여객선, 돛단배, 금붕어, 옹달샘물의 머물지 않음 등이 사라지는 데 이러한 스토리속의 이미지 소멸을 관찰하는 것을 무상 관찰이라고 한다. 이러한 무상 관찰이 이루어지는 차명상은 수행자가 공을 체득하고 지혜를 얻게 한다.

(7) 다선일미 차명상

차 맛을 통하여 모든 것 모든 존재를 하나로 꿰뚫어 보는 일미를 얻는 것이 다선일미 차명상이다. 다선일미 차명상은 일미의 진실을 깨치고 체득함에는 있어 분석과 사유를 그 수단으로 삼는다. 비이원非二元의 일미一味는 그림을 그리는 바탕에 비유할 수 있다. 어떤 그림을 그리든 바탕이 비어 있어야 하는데 비어 있어야 파랑색, 노랑색, 빨간색 등으로 그림을 잘 표현할 수 있기 때문이다 이처럼 그림을 그릴 수 있는 바탕을 바로 일미라고 한다.
나타나는 현상의 바탕은 일미의 하나[一]이며 바탕이 평등하여 차별이 없는 것이 맛[味]이다. 인연을 따르는 모든 현상의 바탕은 증가하거나 감소하지 않으며 불생불멸인 본성의 공空을 뜻한다. 공空으로 한결같지 않다면 현상은 존재할 수 없다. 모든 현상이 인연을 따름은 원인과 조건에 따라 형성하고 나타나는 불공不空을 뜻한다. 이 불변不變과 수연隨緣이 둘이 아닌 일미가 곧 원만한 깨달음이다. 다선일미 차명상은 차명상을 통해 이러한 깨달음을 얻는 것을 그 목적으로 한다.

2) 차명상의 효과

● 깨침의 다실 꾸미기 뜻 새기기 명상, 행다선, 자비다선, 오색차명상, 색 한마음 다선 명상 등의 차명상은 기본적으로 상상과 스토리를 사용하는 것을 특징으로 한다. 깨침의 다실 꾸미기 뜻 새기기 명상은 상상과 스토리의 흐름 속에서 수행의 결의를 다지게 하고 출발과 과정과 목적지에 이르는 길을 미리 알게 하고 깨닫게 하는 수행지도地圖의 뜻을 분명하게 한다. 이 깨달음의 지도를 길잡이로 하여 행다선은 알아차림으로 행다 하는 상상과 스토리가 있으며 자다선과 비다선은 자비의 스토리 속에서 상상의 이미지가 있다. 오색차명상의 경우는 인체를 바탕으로 한 상상의 오색차물과 스토리가 있으며 색한마음 다선은 찻잔에서 옹달샘, 연못, 호수, 바다, 하늘까지의 상상과 스토리가 있다.

이러한 상상 속의 이미지와 스토리의 흐름 속에서 차명상들은 상호의존, 변화, 무아와 공, 심리, 그리고 비유가 잠재능력과 가능성을 가진 마음을 격발시켜주는데 그로 인해 수행자는 마음이 찰나로 사라져도 마음은 존속하는 불연속의 연속체임을 알게 되고 이 마음을 자아라는 이름을 가진 것도 알게 된다.

정리하자면 차명상에서의 상상 스토리를 통하여 무상과 상호의존 무아 공을 접하게 되면 수행자는 마음의 고정되고 분리되고 스스로 존재한다는 견해와 탐욕과 분노 등의 번뇌를 없애는 잠재능력이 발휘되어 이러한 번뇌와 괴로움은 무아임을 아는 지혜를 얻고 공성을 깨치게 하여 번뇌에서 벗어나고 생사의 고뇌에서 해방된다.

이러한 공통적인 차명상의 효과 외에 각 차명상이 가지는 구체적인 효과들은 다음과 같다.

(1) 다실 꾸미기 뜻 새기기 명상의 효과

다실 꾸미기 뜻 새기기 명상의 효과는 다음과 같다.

○ 명상의 목적을 분명하게 해준다. 다실 꾸미기 뜻 새기기 명상을 통해 수행자는 삶과 죽음의 문제를 해결하고 삶 속에서 일어나는 갈등을 해소한다. 즉, 몸과 마음을 관조하여 살아가야 할 방향과 길을 찾음으로써 스트레스 등의 부정적 감정에서 자유로워지는 것이다. 또한, 자신에 대한 의문에 대한 해답을 자신의 내면에서 찾게 한다.

○ 명상의 과정을 알게 한다.

○ 의식을 명료하게 한다.

○ 깨달을 수 있다는 의욕을 일으킨다.

○ 이미지를 시각화하여 보고 사유하므로 두뇌 회전이 빨라지고 문제해결력이 생긴다.

○ 다실 꾸미기를 하다보면 각각의 생각에 따라 이미지를 만들고 공간 배치를 함으로써 창의력이 생기는 것을 들 수 있다. 그리고 그 과정들에서 의식이 지혜로 전환된다.

○ 마음의 근육이 생긴다. 즉, 집중력이 생기고 그 어떤 것도 감당할 수 있는 마음의 힘이 커지게 된다.

○ 자신의 힘으로 자신의 문제를 스스로 해결 할 수 있도록 해준다. 다실 꾸미기 뜻 새기기 명상은 우울증, 외상 후 스트레스 장애 중후군 등

정신적인 문제에 대한 해결력을 자생적으로 생기게 하며 심리적, 육체적 긴장과 갈등이 고조되는 것을 억제하고 다양한 형태의 고통으로 이어지는 것을 막아주고 고통으로부터 해방시켜 준다.

○ 상상 속의 다실은 '나'만의 공간이므로 몸과 마음이 지쳤을 때 몸과 마음을 휴식할 수 있는 공간이 된다. 삶에 대한 불안감 등 부정적인 감정이 발생할 때, 마음의 평안을 주는 나만의 공간을 제공한다.

○ 상상 속의 다실은 마음의 공간이므로 자신의 마음 상태에 따라 그 크기가 달라지므로 달관의 마음, 용서와 관용의 마음, 자비의 마음이 향상되면 현실 속에서도 마음 그릇이 커진다.

(2) 행다선의 효과

행다선의 효과는 다음과 같다.

○ 관계형성의 통찰사유를 통하여 모든 존재가 상호의존하는 연기실상임을 아는 지혜가 생긴다.

○ 도덕성인 삼가함이 길러지게 되며 모든 행위의 알아차림에 의해서 나타나는 번뇌 망상의 고요함, 즉 단속함[戒]·고요함[定]·지혜[慧]의 세 가지 배움[三學]이 증진된다.

○ 상호 관계 형성을 위한 통찰사유는 상호 관계의 소통이 일어나고, 관계 형성으로 인하여 지혜와 자비의 에너지가 생긴다.

○ 긍정적인 사고가 형성되면서 화가 복으로, 불운이 행운으로, 절망이 희망으로, 위기를 기회로 바뀌고 이로 인해 항상 활력이 넘치고 건강해진다. 감정이 불안하고 우울하면 기분이 저하되고 그 내면에는 분명히 부정적 의식이 자리 잡게 된다. 반면 감정이 안정되고 평온하면 부정적 의식인 감정의 불균형을 잡아주어 마음이 평화롭고 기쁨이 일어난다. 따라서 긍정적

인 상태가 계속 유지되면 긍정적인 의식이 자리매김한다.

○ 행다선을 하면 하는 순간순간 알아차림으로 깨어 있어 시끄러운 번뇌도 사라지게 되고 마음은 적정 그대로의 선禪이 된다.

○ 행다선 모임을 자주 하면 반목과 경쟁심, 미움과 질투, 불만족, 공허함 등을 없앨 수가 있다.

○ 한 잔의 차 속에서 너와 나, 우리가 모두 하나로 연결되어 나타나는 우주의 전 모습을 발견할 수 있다.

(3) 색·향·미 감로차 마시기 명상의 효과

색·향·미 감로차 마시기 명상의 효과는 다음과 같다.

○ 집중력이 생깁니다. 이 집중력으로 마음의 근육이 생겨 불안감이 사라지고 밖에서 들어오는 스트레스에 마음의 동요가 현저히 줄어들며 대처능력이 생긴다.

○ 전체를 보는 힘이 생긴다. 그래서 부분에 집착하여 걱정이 많고 매사가 불만스러우며 부정적인 감정에 휩싸이는 현상이 완화된다. 탐욕과 분노가 줄어들거나 해소된다.

○ 심안이 생긴다. 몸 안 뿐만 아니라 감정과 생각을 보고 무상, 고, 무아, 공을 볼 수 있기 때문이다.

○ 지혜가 생긴다. 지혜가 부족하거나 없으면 착각과 왜곡이 일어난다. 즉, 자신의 처한 현실과 목표치사이의 간극을 극복하지 못하여 자신과 사회에 대한 왜곡된 시선을 가진다. 또한 왜곡된 시선으로 사회현상을 보게 되면 잘못된 인식으로 받아들여 현실과 일치하지 않는 비합리적인 인식을 확산시킬 수 있다.

○ 몸이 건강해진다. 몸이 가볍고 기운이 왕성해지며 머리가 맑아진다. 즉, 갈등과 집착의 부정적 에너지를 사랑, 연민, 용서, 배품, 희망 등 긍정의 에너지로 전환시키는 치유의 힘이 생기고 건강해진다.

○ 마음이 가볍고 기쁨이 생기며 의식이 명징해지면서 편안해진다.

○ 마음의 고요가 온다.

○ 지구의 모든 강물이 흘러 바다에 이르면 모든 강물의 맛이 바다의 맛 하나[一味]로 되듯이 나를 포함한 일체 모든 것이 일미임을 이해한다.

(4) 자비다선의 효과

사랑의 행복다선의 경우, 일어나는 사랑의 행복감이 현재의 사랑의 행복과 관련되는 일들과 연결되어 일어나며 미래에서 일어날 사랑의 행복과 연결되어 앞으로 계속 행복감이 생기고 그와 관련되는 일들도 원만해지는 효과가 나타난다.

해결원 다선의 경우에는 반복해서 하게 되면 숨어 있던 조그마한 감정의 찌꺼기들이 묻어 있는 사건과 사람들을 만나게 되는데 원결 지어진 것들이 점점 적어지면서 마음의 평안함이 찾아오는 효과가 있다. 원결을 지으려는 마음이 한결 줄어들면 연민이 일어나는 효과도 있으며 이를 통해 몸이 가벼워지고 의식이 명료해진다.

(5) 오색차 명상의 효과

오색차 명상의 대표적인 효과로는 눈을 감고 찻물의 흡수를 계속 보고 있기 때문에 심안心眼이 열려서 내부를 보는 힘도 생기는 것을 들 수 있다. 그렇지만 내부를 보는 것보다 중요한 것은 몸이 바뀌어가는 무상無常을 보고, 무상을 통해서 몸의 형태가 다 사라지는 것을 보고, 그리고 마음을 보는 것이다. 처음에는 막 생각이 일어나고 사라지는 감각을 보다가 나중에는 그런 것도 점점 없어지고, 몸 형태도 점점 없어지고, 마음 덩어리 하나만 딱 나타난다. 그럴 때 공성을 사유한 힘으로 마음 공에다가 초점을 딱 맞춰서 들어가면 깨달음을 얻게 된다. 또한 오색차 명상은 이미지를 떠올리면서 집중이 생기고, 시각화를 통해 차향과 차맛이 스며드는 현상을 무상 관찰하면 지혜가 계발되는 효과가 있다.

(6) 색한마음 차명상의 효과

색한마음 명상은 찻잔에서 하늘, 하늘에서 찻잔으로 오르락내리락하면서 '이것도 전부 다 마음이 만드는 것이구나.', '마음이 계속 변하는구나.', '이것이 바깥으로 투영되어 이 세계를 만들고 있구나.'와 같은 깨달음을 얻게 한다. 또한, 색한마음 명상을 통해 무상 관찰이 이루어지는데 이는 수행자가 공을 체득하고 지혜를 얻게 한다.

(7) 다선일미 차명상의 효과

다선일미 차명상은 차 맛이 무자성 공이라는 사실을 깨닫게 함으로써 모든 것이 '스스로 고유한 성품을 가지고 있는 자성이 없는 하나'로 꿰뚫어 볼 수 있음을 사유하도록 한다. 즉 차 맛의 공한 하나의 맛이 모든 것과 모든 존재의 본질적인 한 맛, 즉 일미임을 사유하게 하는 것이다.

또한, 차 맛의 일미는 혀와 찻물과 미각의식의 접촉에 의해 일어나므로 차 맛은 독립된 것이 아니며 차 배달하는 사람 → 차를 법제하는 사람 → 차 따는 사람 → 차나무 → 차나무는 흙·물·불·바람·허공·햇빛이 있어야 하고 → 햇빛은 태양 → 태양은 우주라는 차와 우주와 상호의존을 인식하게 하여 차 맛을 보는 것은 곧 우주를 맛보는 것임을 알게 한다. 이러한 깨달음은 무자성의 깨달음을 관통한다.

제4장

차명상 실습

1. 다실 꾸미기 뜻 새기기 명상 실습

● 다실 꾸미기 뜻 새기기 명상은 이 순서대로 진행되며 각 단계에서 명상 수행자가 그려내야 하는 구체적 이미지와 그 함의는 다음과 같다.

1) 전체 이미지 시각화하기

● 다실에서 차를 마시고 눈을 감고 집을 떠올리고 집에서부터 출발하여 명상정원에 들어서고 나아가 깨침의 다실에서 차를 마시기까지의 그 모든 과정은 첫째, 수행과정이면서 결과이며 결과 이면서 과정입니다. 그 과정으로서 궁극의 법계에 이르게 됩니다. 둘째, 다실에서 다실로 되돌아오는 과정은 모두 법계에서 출발하여 법계로 되돌아오는 것이며 법계가 하나의 모습임을 말한다. 셋째, 다실 꾸미기 깨침은 우리가 깨달음 속에 살고 있으면서도 그 사실을 알지 못하고 생사의 괴로움에 빠져 있으므로 그 깨달음을 회복하는 과정을 의미한다.

2) 명상정원에서 오솔길을 지나 정자 다실로 가는 이미지

ㅇ 숨을 들이쉬고 내쉬면서 어깨에 힘을 빼고 척추를 곧게 세우면서 코끝에 잠시 시선을 둔다.

ㅇ 시선을 눈앞의 찻잔에 두고 찻잔을 들고 빛깔과 향기와 맛을 음미한다. 기억하기 위해 다시 한 번 색향미를 마시고 눈앞에서 다실을 떠올린다. 차상에 다관, 물 식힘 그릇, 명상찻잔, 차통, 차 숟가락, 차 수건을 떠올리고 오른 편에는 화로위에 주전자에 물이 끓고 있고 왼쪽 벽에는 다선일미 족자가 걸려있고 창문에 햇빛이 방안을 따뜻하게 비추고 뜰 앞의 연못의 연꽃 향기가 방안에 감돌고 있다. 다관의 뚜껑을 열고 뜨거운 물을 붓고 좋아하는 차를 넣고 뚜껑을 닫고 물식힘 그릇에 차를 우려낸다. 그리고 다시 찻잔에 차를 따르고 찻잔을 들고 빛깔과 향기와 맛을 음미하고 부피감과 액체 감을 느끼면서 차물이 목을 통과하여 시냇물 흐르듯이 흐르고 모래에 물이 쓰며들 듯이 연상하여 차의 색향미가 온몸에 흡수됨을 명상한다. 상상속의 찻잔을 내려놓는다.

ㅇ 상상 속에서 살고 있는 자신의 집을 떠올려본다. 그 세속의 집은 몸과 마음과 환경이 결합된 사람〔五蘊〕이다.

○ 아름다운 정원으로 들어간다. 수행의 출발을 뜻한다[자량도資糧道 시작].

○ 자기가 좋아하는 꽃들과 나무들을 떠올린다. 꽃은 반드시 열매를 맺기 때문에 수행하게 되면 깨달음이라는 결과를 얻는다는 것과 그 깨달음으로 지각 있는 존재를 돕는다는 뜻을 동시에 가진다.

○ 정원에서 앞을 바라보면서 아늑하고 아름다운 한옥을 그려본다. 한옥은 수행의 목적이다.

○ 정원에서 정자 같은 한옥으로 가는 길은 오솔길이며 그 오솔길은 수행의 길이다. 오솔길은 고요함의 표현으로 고요함은 수행의 길을 열어주는 것이다.

○ 오솔길을 걸어간다. 그 수행 길에는 방해꾼도 있는데 정원에 있는 탐스런 과일과 정원에서 살고 있는 새들과 토끼와 원숭이들이다. 행선 또는 걷기선 명상으로 산란심을 일으키는 과일과 새, 들뜸의 원숭이, 그리고 혼침의 토끼라는 번뇌를 제거하면서 걸어간다. 그러면 수행의 길이 분명하게 보이고 고요[三昧]해진다. 길에서 길로 점점 상승하게 하는 것은 삼매이다. 삼매 속에서 지혜와 자비가 계발되고 정신적 성숙이 일어난다.

○ 오솔길 끝에는 시냇물이 흐른다. 시냇물은 마음의 상징이다. 거울같이 맑고 허공같이 투명하게 비어있음은 마음의 본성이다. 본성이 드러나기 전에는 시냇물은 탐욕과 분노와 어리석음의 흐름이다. 색깔은 탁하고 들끓고 냄새나고 검게 오염되어 있다.

○ 아담한 한옥 앞으로 가로질러 흐르는 시냇물을 건너는 여섯 개의 징검다리가 있다. 여섯 개의 징검다리는 세간(시간과 공간)에서 출세간(시간과 공간을 벗어남)으로 건너가는 육바라밀의 다리이다. 바라밀은 '건너는 과정'과 '완전 건너간'두 가지 뜻이 있는데 바라밀은 괴로움에서 벗어남을 의미한다. 보시 · 지계 · 인욕 · 정진 · 선정 · 반야라는 여섯 가지 괴로움을 건너는 방

법이 있다.

○ 여섯 개의 징검다리를 건넌다. 먼저 보시라는 징검다리를 건너갈 때는 탐욕이 없어져 시냇물의 탁함이 점점 맑아진다. 지계라는 징검다리를 건널 때는 도덕성이 살아나 시냇물의 더러운 냄새가 향기로 살아난다. 인욕이라는 징검다리를 건널 때는 분노의 감정이 사라져 들끓어 오르는 시냇물이 잔잔해진다. 정진이라는 징검다리를 건널 때는 시냇물의 흐름이 빨라진다. 이는 보시·지계·인욕을 행하여 마음이 가속되기 때문이다. 선정이라는 징검다리를 건널 때는 번뇌가 일어나지 않아 흐름을 멈춘 것 같이 잠잠해지고 거울같이 맑고 투명해진다. 지혜라는 징검다리를 건널 때는 무지가 사라져 모든 형상이 맑은 거울 같은 시냇물에 반영하여 환영임이 드러나고 마음이 햇빛 비치는 허공 같이 된다. 이와 같이 여섯 개의 징검다리를 건너는 것은 마음의 본성을 드러내는 길이다. 그래서 보리심을 내어 보시·지계·인욕·정진 바라밀의 도움을 받아서 사마타[止]와 위빠사나[觀]를 쌍수한다[자량도資糧道에서 가행도加行道로 들어감].

○ 징검다리를 건너면 소나무 숲이 있다. 여섯 바라밀의 징검다리를 건너 만난 소나무 숲에서 소나무에 기대어 본다. 소나무에 기대어 관계성 사유를 한다. 즉, 선정에 의지하여 몸과 마음을 분석하는 위빠사나 지혜를 얻는 수행으로 분석하려야 할 수 없는 데까지 이르면 위빠사나 삼매가 일어나고 위빠사나 삼매와 사마타삼매가 하나가 되어 공삼매空三昧를 이루고 공삼매속에서 무분별의 지혜를 얻는 바라밀을 수행하여 번뇌와 무지가 삼매와 지혜로 바뀌어 가는 것을 상징한다[가행도加行道]. 작은 부분인 소나무와 전체인 우주가 상호 의존하는 연기이며 공성임을 아는 순간 공성의 빈 마당이 펼쳐진다. 주객이 사라지고 중생과 붓다가 평등해지고 법계가 하나인줄 아는 깨달음을 얻는다[공성을 앎은 깨달음 즉 견도見道].

3) 정자의 다실로 들어가는 이미지

○ 공성을 아는 지혜로 소나무 숲을 지나 깨달음의 방이 있는 널찍한 빈 마당을 지나간다[수도修道]. 걷는 순간순간 마당 한 곁에는 연못이 나타나고 홍련과 백련도 피어난다. 빈 마당을 지나가는 것은 공성을 아는 지혜로 번뇌가 고요한 선정의 연못이 열리고 깨달음의 연꽃[지혜]이 피어난다.

○ 빈 마당을 가로질러 계단을 올라간다. 계단은 깨달음과 수행의 길을 상징한다. 모두 앞뒤를 되돌아보고 알아차리는 지혜이다. 즉, 범부각凡夫覺과 상사각相似覺의 계단을 올라서 수분각隨分覺의 마루에 오르고 구경각究竟覺의 깨달음의 방으로 들어간다. 또는 자량도資糧道-가행도加行道-견도見道-수도修道-구경도究竟道의 다섯 계단을 오르고 마루에 올라서고 다실로 들어간다.

○ 방문을 열고 들어간다. 문은 진리의 문이며 방은 깨달음의 자리이다[구경도究竟道].

4) 다실에서 되돌아보는 지혜

○ 다실의 문을 통해 밖을 본다. 마당, 연못, 연꽃과 소나무, 시냇물, 오솔길 그리고 저 멀리 정원도 보인다. 문밖을 보는 것은 수행의 길을 반조하는 지혜이다.

5) 다실 안의 이미지

○ 창문에는 햇빛이 비치고 방안은 연꽃향기가 은은하다. 햇빛은 지혜이며 연꽃향기는 깨달음의 향기다.

○ 다포위에는 다관, 물 식힘 그릇, 명상찻잔, 차 통, 찻숟가락, 차 수건이 있다. 오른편에는 물 끓이는 도구(화로 위에 물 주전자)가 있다. 이들은 자비심을 증진시키는 도구이며 깨침에 도움을 주는 도구이다.

○ 왼쪽 벽에는 다선일미茶禪一味 족자가 걸려있으며 일미一味는 깨달음의 내용이다.

○ 명상찻잔을 들어 차를 음미한다. 이때는 색·향·미 감로차 마시기 명상, 연꽃 찻잔 일곱 가지 뜻 새기기 명상, 오색차 명상, 색·향·미 한마음 차명상, 자비다선 중에 자신이 좋아하는 다선일미茶禪一味 차명상을 떠올린다. 그리고 이 중 하나의 차명상을 하거나 차례로 차명상을 한다.

○ 깨닫는 순간은 차 도구와 다실의 벽이 사라져 안과 밖이 텅 빔 하나가 됨을 상상한다[진금眞金에 비유되는 공적空寂한 마음의 본성].

○ 다시 차도구와 다실 벽이 다시 원상태로 되살아난다. 진금으로 팔찌 등 장신구를 만들어도 진금의 성품이 바뀌지 않음을 알아차린다. 즉, 사마타와 위빠사나의 수단으로 공적[不變]함이 법신法身을 이루더라도 공적한 성품은 바뀌지 않음을 깨닫는대[수연隨緣]는 것임을 알아차린다.

○ 불변과 수연은 같은 진금인 무자성임을 깨닫는 것임을 알아차린다.

○ 차명상을 통하여 처음 출발했던 다실과 지금 도착한 다실이 같은 다실임을 깨닫는다는 것임을 알아차린다. 다실 꾸미기 깨침은 모든 것, 모든 존재가 공적하다는 깨달음 속에 살고 있으면서도 그 사실을 알지 못하고 생사生死의 괴로움에 빠져 있으므로 그 깨달음을 회복함을 뜻한다. 또한 세간의 살림살이, 삼라만상 우주 그대로 깨달음이라는 깨침을 알아차리고 상상해 본다.

6) 마무리
○ 다실 꾸미기 뜻 새기기 명상을 마무리하면서 몸과 마음의 변화를 살펴본다.

2. 색·향·미 감로차 마시기 명상 실습

1) 몸속 다섯 가지 기운의 흐름

● 차의 기운과 몸속의 기운은 명상 속에서 공명한다. 그래서 차를 마시고 명상하면 몸에서 왕성한 기운의 흐름이 생기고 마음에 기쁨이 생기고 몸이 새털같이 가벼워지는 경안이 일어나는 것이다.

우리의 마음과 기운은 분리되어 있지 않다. 우리가 신체의 어느 부위에 마음을 두게 되면 자연히 기운의 흐름이 마음을 둔 신체부위로 흐르게 된다. '색향미 감로차마시기 명상'은 발가락과 손가락, 정수리에 의식을 차례로 두거나 동시에 두고 차물 스며들기 명상이다. 의식이 있는 곳에 기운의 흐름이 일어나는데 차 기운과 공명 한다. 그 공명으로 차물과 함께 기운이 안 몸에 스며들 때 몸과 마음이 반응한다. 그 반응이 변하는 무상과 무상하므로 불만족의 고苦와 불만족을 뜻대로 바꿀 수 있는 자아가 없음인 무아를 관찰하여 지혜를 얻는다.

'색향미 감로차마시기 명상'할 때 주의할 것이 있다. 발가락이나 손가락, 정수리에 의식을 두고 찻물 스며들기를 할 때에 의도적으로 마음을 일으켜 기운을 발가락으로 내리거나 손가락으로 내리거나 정수리 쪽으로 올리면 안 된다. 의식이 있는 곳이면 바람(에너지)이 그쪽으로 저절로 흐르는데 의도적으로 기운을 움직이면 몸에 결절이 생겨 기공병氣功病에 걸릴 수 있다. 바람은 기운이며 에너지이다. 우리 몸에 흐르는 기운들을 잘 알고 명상할 때 명상의 효과를 더 높일 수 있다. 몸속의 다섯 가지 기운의 흐름은 다음과 같다.

첫째, 생명유지의 바람[持命氣=持命風]은 정문 뇌에 위치하고 있으며 가슴에도 있다

둘째, 상승하는 바람[上行氣=上行風]은 가슴과 흉부에 위치하고 있다. 가슴에서

기운이 상승하여 말하고 호흡하고 생각할 수 있으며 그 말과 생각, 호흡으로 인해 기운은 더 위로 상승한다.

셋째, 편재의 바람[遍行風=遍行氣]은 가슴에 위치해 있다. 심장에서 온 몸으로 피를 보낼 때 기운도 함께 흐른다. 기운의 흐름으로 인해 온 몸으로 피가 돈다고 볼 수도 있다.

넷째, 머무름의 바람[等住風=等住氣]은 위장과 복부에 위치해 있고 음식을 소화시키는 작용을 한다.

다섯째, 하향하는 배설의 바람[下行風=下行氣]은 직장, 창자, 회음부에 위치하고 있다. 노폐물을 배설하고 다리를 움직이기 때문에 기운이 아래로 움직인다.

이와 같은 몸속의 다섯 가지 기운의 흐름이 차의 발산하는 기운과 명상의 집중력과 상호 의존하여 공명을 일으키면 몸이 가벼워지고 몸의 신체기능이 향상된다. 산란심이 줄어들고 부정적인 감정이 줄어들며 집중력이 높아진다. 명상 대상을 꿰뚫어 보아 지혜가 일어나게 한다.

2) 실습순서

● 색·향·미 감로차 마시기 명상의 실습은 다음과 같은 순서로 이루어진다.

◎ 시작을 알리는 죽비 세 번치고 좌종을 한번 울린다.

○ 좌종 소리 따라 허리를 펴고 숨을 들이쉬고 내쉬면서 어깨에 힘을 빼고 척추를 곧추세운다. 눈은 반쯤 감고 시선을 코끝에 잠시 둔다(10여 초).

○ 미리 준비한 찻잔을 든다.

○ 찻잔을 들어 올릴 때의 무게감을 알아차리고, 찻물의 움직임이 잔잔해질 때까지 가만히 기다린다.

○ 잔을 입으로 가져오면서 잔속에 담긴 연꽃문양을 바라보고 찻물의 맑고 투명한 찻물 빛을 주시한다.

○ 찻잔을 들고 마신다. 숨을 들이쉬고 내쉬면서 빛깔과 향기, 그리고 맛을 음미한다. 색·향·미를 기억하기 위해 다시 한 모금 음미한다.

○ 찻잔을 내려놓고 상상 속에서 찻잔을 들고 차를 마시고 숨을 들이쉬고 내쉬면서 차향과 차 맛을 음미한다. 찻물이 목으로 넘어갈 때 부피감과 무게감을 느낀다.

○ 색·향·미를 머금은 찻물의 맑고 투명한 백색의 미세한 알갱이를 안개 같은 이미지로 시각화하여 그 안개가 온몸을 감싸고 마치 모래에 물이 스며들 듯이 온몸의 세포에 스며들게 한다.

◎ 좌종을 한번 친다. 좌종의 울림이 끝나고도 잠시 동안 온몸 스며들기를 한다.

○ 의식을 발가락 끝에 두고 찻물이 온몸의 세포에 스며들게 한다.

◎ 좌종을 한번 친다. 좌종의 울림이 끝나고도 잠시 동안 온몸 스며들기를 한다.

○ 의식을 손가락 끝에 두고 찻물이 온몸의 세포에 스며들게 한다.

◎ 좌종을 한번 친다. 좌종의 울림이 끝나고도 잠시 동안 온몸 스며들기를 한다.

○ 의식을 머리끝 정수리에 두고 찻물이 온몸의 세포에 스며들게 한다.

◎ 좌종을 한번 친다. 좌종의 울림이 끝나고도 잠시 동안 온몸 스며들기를

한다.

○ 의식을 동시에 발가락, 손가락, 머리끝에 두고 찻물이 온몸의 세포에 스며들게 한다.

○ 몸 전체의 세포에 스며들었다고 생각되거나 스며들지 않고 목까지 차올라왔다고 판단될 때, 찻잔을 입에서 떼고 가슴 부근에서 잡고 그리고 조용히 몸과 마음의 반응을 살펴본다.

○ 그런 다음 상상 속에서 찻잔을 찻상 위 제자리에 놓는다.

○ 몸과 마음의 반응을 살필 때는 그 반응의 움직임, 변화를 알아차려야 한다. 만일 ① 변화와 ② 변화를 통해 육체적 심적 고통이 오는 것을 관찰하고 몸과 마음은 불만족스럽다는 것을 인식한다. ③ 불만족스러운 것은 내 뜻대로 되지 않아 주재하는 주체가 없어 무아이며 그 불만족의 고통이 고정되어 있지 않아 실체가 없어 공함을 관찰할 수만 있다면 지혜가 생기는 것이다.

◎ 좌종을 한번 친다. 좌종의 울림이 끝나고도 잠시 동안 온몸 스며들기를 한다.

○ 천천히 눈을 뜨고 앞에 있는 찻잔을 들고 한 모금 차 맛을 음미한다. 찻물이 목을 타고 내려가면서 온몸에 스며드는 것을 지켜본다.

○ 차의 물빛처럼 맑고 투명한 자비의 마음으로 차의 색·향·미가 온몸에 스며드는 흐름을 지켜본다. 그리고 그 흐름이 지구의 모든 강물로 흐르고 그 흐름이 흘러 흘러 바다에 도달함을 떠올린다. 우리 몸의 부분 부분들에서 흘러내린, 갖가지 이름을 가진 모든 강물들이 흘러 바다를 만나면 바다라는 하나의 맛[一味]이 되어 이 세상 모두가 평등해짐을 생각한다.

◎ 죽비 세 번치고 합장하고 끝마친다.

3. 오색차 명상 실습

1) 준비물과 명상 진행방법

● 준비물로 죽비와 좌종과 차도구 일체를 갖춘다.

명상의 진행방법은 다음과 같다. 죽비는 처음과 끝에 세 번 죽비를 친다. 좌종은 명상시간을 알리며 좌종소리는 약 40초에서 1분 정도 걸린다. 따라서 한번 찻잔을 들고 또는 찻잔을 놓고 명상하는 시간은 약 1분 정도이다.

혼자서 명상할 때는 자기가 자기에게 안내말 하면서 하고 그 다음에는 안내말 없이 한다. 전체 대중과 함께하는 명상은 보통 10분 정도 걸리는 데 20분까지는 괜찮다. 하지만 그 이상 가면 명상의 효과가 떨어질 수도 있으므로 지양한다. 명상언어를 안내말 하는 사람은 그때그때 상황에 따라 좌종을 더 칠 수 있고 횟수를 줄일 수 있다. 주의할 점은 안내말 하는 길잡이가 명상하는 이들과 함께 명상하면서 안내말을 해야 된다는 점이다. 그 이유는 본인이 명상을 하지 않고 안내말만 했을 경우 같은 호흡이 아니어서 명상대중과 어긋날 수 있기 때문이다. 그뿐만 아니라 명상의 체험이 동반되지 않는 안내말은 대중들의 공감을 얻지 못하며 공명(共鳴)이 생기지 않아서 명상의 체험이 매우 약하거나 없을 수 있다.

2) 실습 순서
○ 시작을 알리는 죽비 세 번치고 좌종을 한번 친다.

○ 허리를 펴고 숨을 들이쉬고 내쉬고 내쉴 때는 어깨에 힘을 뺀다. 척추는 곧게 하고 눈은 반쯤 뜨고, 시선은 코끝에 둔다.

○ 노랑색(황금색)−흰색−붉은색−녹색−파랑색(청색)의 5색이 심리적임을 상기하고 이해하고 또한, 이 5색이 몸과 심리에 영향을 준다는 것을 상기하고 이해한다.

○ 차상 위에 다섯 색의 찻잔을 좌측에서부터 우측으로 노랑색(황금색) 찻잔, 흰색 찻잔, 붉은색 찻잔, 녹색 찻잔, 파랑색 찻잔의 순서로 일정한 간격으로 나열하고 각기 5색 찻잔에 찻잔의 색과 같은 5색의 찻물을 따른다.

○ 앞에 있는 차를 음미하고, 잠시 후 한 번 더 음미한다. 이때 목에 넘어가는 촉감과 향기, 맛을 기억하는 것이 매우 중요하다.

○ 좌종을 한번 친다. 좌종소리의 여운이 끝나면 찻잔을 내려놓는다.

(1) 청차(파랑색 차)

○ 눈을 감고 제일 먼저 파랑색 찻잔을 떠올린다. 그리고 청차를 들고 마신다. 하늘빛을 닮은 청차가 목을 통해 쭉 흘러 들어감을 시각화한다. 숨을 들이쉬고 내쉬면 맛과 향이 일어날 것이다.

○ 찻물의 색·향·미가 목 아래로 쭉 흘러 들어가는데, 처음은 색·향·미의 파랑색 찻물이 무게감을 가지고 시냇물이 흐르듯이 흘러내림을 연상하고 모래에 물이 스며들 듯이 연상한다.

○ 그다음으로 안개같이 연상하여 부드러운 솜에 젖어 들듯이 연상한다.

○ 그다음에는 파랑색 빛으로 화하여 투과하듯이 연상한다.

◎ 좌종을 한번 친다.

○ 의식은 정수리에 둔다. 파랑색 빛 기운이 정수리로 흐르고 뇌에 위치하고 있는 생명 유지의 바람 기운이 활발해진다. 생명 유지의 기운이 가지고

있는 능력은 마음의 안정과 집중력이 생기게 하고 의식의 명료함과 사유가 지속되게 하여 지혜를 증장시킨다. 그리고 기관을 밝게 한다.

○ 색·향·미의 투명한 파랑색 찻물은 계속 흘러 들어간다. 모래에 물이 스며들 듯이 안개가 스며들 듯이 빛이 투과하듯이 연상한다.

◎ 좌종을 한번 친다. 좌종소리의 여운이 끝나면 찻잔을 내려놓는다.

(2) 흑차(검은색 차)

○ 상상 속에서 청색찻잔을 내려놓는다. 그런 다음 녹색 찻잔에 흑차를 따르고, 녹색찻잔을 들고 흑차를 마신다. 찻물이 쭉 흘러 들어감을 시각화한다. 숨을 들이쉬고 내쉬면 맛과 향이 일어날 것이다.

○ 찻물의 색·향·미가 목 아래로 쭉 흘러 들어가는데, 처음은 색·향·미의 흑색 찻물이 무게감을 가지고 시냇물이 흐르듯이 흘러내림을 연상하고 흑색 찻물이 녹차로 변화하여 모래에 물이 스며들 듯이 연상한다.

○ 그다음으로 안개같이 연상하여 부드러운 솜에 젖어 들듯이 연상한다.

○ 그다음에는 안개 같은 찻물이 녹색 빛으로 화하여 투과하듯이 연상한다.

◎ 좌종을 한번 친다.

○ 의식은 미간에 둔다. 의식을 미간에 두면 녹색 빛 기운이 미간으로 흐르고 위로 오르는 기운이 생기면서 그 기운에 의해 눈과 신경계, 머리의 뇌 신경세포가 활성화되고 마음이 평안해지고 흐릿한 의식이 맑아지고 지혜의 눈이 생긴다.

○ 색·향·미의 투명한 녹색 찻물은 계속 흘러 들어간다. 모래에 물이 스며들 듯이 안개가 스며들 듯이 빛이 투과하듯이 연상한다.

◎ 좌종을 한번 친다. 좌종소리의 여운이 끝나면 찻잔을 내려놓는다.

(3) 홍차(붉은색 차)

○ 상상 속에서 녹색 찻잔을 내려놓는다. 그런 다음 붉은색 찻잔에 붉은색 홍차를 따르고 붉은색 홍차를 들고 마신다. 차가 목을 통과해 쭉 흘러 들어감을 시각화한다. 숨을 들이 쉬고 내쉬면 맛과 향이 일어날 것이다.

○ 찻물의 색·향·미가 목 아래로 쭉 흘러 들어가는데, 처음은 색·향·미의 붉은색 찻물이 무게감을 가지고 시냇물이 흐르듯이 흘러내림을 연상하고 모래에 물이 스며들 듯이 연상한다.

○ 그다음으로 안개같이 연상하여 부드러운 솜에 젖어 들듯이 연상한다.

○ 그다음에는 홍색 빛으로 화하여 투과하듯이 연상한다.

◎ 좌종을 한번 친다.

○ 의식은 목에 둔다. 홍색 빛 기운이 목으로 흐르고 상승하는 바람이 불어서 말과 호흡하는 등의 기능이 활발해진다. 그리고 기억력이 좋아지고 정신적인 인내와 근면을 조절하는 생명력이 생긴다. 의욕저하가 사라지고 탐욕으로 인하여 상처받았다면 그 상처가 치유된다.

○ 색·향·미의 투명한 붉은색 찻물은 계속 흘러 들어간다. 모래에 물이 스며들 듯이 안개가 스며들 듯이 빛이 투과하듯이 연상한다.

◎ 좌종을 한번 친다. 좌종 소리의 여운이 끝나면 찻잔을 내려놓는다.

(4) 백차(흰색 차)

○ 상상 속에서 붉은색 찻잔을 내려놓는다. 그런 다음 흰색 찻잔에 흰색 백차를 따르고 백차를 들고 마신다. 흰색 백차가 목을 통과해 쭉 들어감을 시각화한다. 숨을 들이쉬고 내쉬면 맛과 향이 일어날 것이다.

○ 찻물의 색·향·미가 목 아래로 쭉 흘러 들어가는데, 처음은 색·향·미의

흰색 찻물이 무게감을 가지고 시냇물이 흐르듯이 흘러내림을 연상하고 모래에 물이 스며들 듯이 연상한다.

○ 그다음으로 안개같이 연상하여 부드러운 솜에 젖어 들듯이 연상한다.

○ 그다음에는 흰색 빛으로 화하여 투과하듯이 연상한다.

◎ 좌종을 한번 친다.

○ 의식은 가슴에 둔다. 흰색 빛 기운이 가슴으로 흐르고 가슴에 위치하고 있는 두루 흘러가는 기운이 활발해지면서 팔다리 머리끝까지 몸 전체에 퍼져서 혈액을 맑게 하고 분노와 증오심에 의해 생긴 상처가 치유된다.

○ 색·향·미의 투명한 백색 찻물은 계속 흘러 들어간다. 모래에 물이 스며들 듯이 안개가 스며들 듯이 빛이 투과하듯이 연상한다.

◎ 좌종을 한번 친다. 좌종 소리의 여운이 끝나면 찻잔을 내려놓는다.

(5) 황차(노란색 차)

○ 상상 속에서 흰색 찻잔을 내려놓는다. 그런 다음 노란색 찻잔에 황금빛이 나는 황차를 따르고 황금색 황차를 들고 마신다. 황금색 차가 목을 통해 쭉 흘러 들어감을 시각화한다. 숨을 들이쉬고 내쉬면 맛과 향이 일어날 것이다.

○ 찻물의 색·향·미가 목 아래로 쭉 흘러 들어가는데, 처음은 색·향·미의 황금색 찻물이 무게감을 가지고 시냇물이 흐르듯이 흘러내림을 연상하고 모래에 물이 스며들 듯이 연상한다.

○ 그다음으로 안개같이 연상하여 부드러운 솜에 젖어 들듯이 연상한다.

○ 그다음에는 황금색 빛으로 화하여 투과하듯이 연상한다.

◎ 좌종을 한번 친다.

○ 그리고 의식은 배꼽 위에 둔다. 배꼽에 의식을 두면 황금색 빛 기운이 배꼽으로 흐르고 배꼽에 불의 기운이 생긴다. 배꼽 주위에 있는 위장과 복부에 머무르는 기운이 활성화되어 음식을 소화 시키고 신진대사가 활발해진다. 그리고 자존심이 상했다면 고집과 자만이 없어지고 자존감이 생기면서 평등하게 보는 마음이 생긴다.

○ 색·향·미의 투명한 황금색 찻물은 계속 흘러 들어간다. 모래에 물이 스며들 듯이 안개가 스며들 듯이 빛이 투과하듯이 연상한다.

◎ 좌종을 한번 친다. 좌종 소리의 여운이 끝나면 찻잔을 내려놓는다.

(6) 녹차(녹색 차)

○ 상상 속에서 노란색 찻잔을 내려놓는다. 그런 다음 녹색 찻잔에 녹차를 따르고 녹차를 들고 마신다. 녹차가 목을 통해 쭉 흘러 들어감을 시각화한다. 숨을 들이쉬고 내쉬면 맛과 향이 일어날 것이다.

○ 찻물의 색·향·미가 목 아래로 쭉 흘러 들어가는데, 처음은 색·향·미의 녹색 찻물이 무게감을 가지고 시냇물이 흐르듯이 흘러내림을 연상하고 모래에 물이 스며들 듯이 연상한다.

○ 그다음으로 안개같이 연상하여 부드러운 솜에 젖어들 듯이 연상한다.

○ 그다음에는 녹색 빛으로 화하여 투과하듯이 연상한다.

◎ 좌종을 한번 친다.

○ 의식은 배꼽 아랫부분에 둔다. 배꼽 아래 단전에 의식을 두면 복부에 평등하게 머무는 기운이 활성화되어 시기, 질투 같은 부정적인 심리로 인하여 생기는 복부 통증이 사라진다. 그리고 마음의 평안이 온다.

○ 색향미의 투명한 녹색 찻물은 계속 흘러 들어간다. 모래에 물이 스며들

듯이 안개가 스며들 듯이 빛이 투과하듯이 연상한다.

◎ 좌종을 한번 친다. 좌종 소리의 여운이 끝나면 찻잔을 내려놓는다.

(7) 통합 투명한 흰색 빛 백차

○ 상상 속에서 녹색 찻잔을 내려놓는다. 이번에는 찻잔에 노란색 차, 흰색 차, 붉은색 차, 그리고 녹색 차를 따른다. 이렇게 차를 따르면 그 빛이 흰색 빛의 백차로 바뀔 것이다. 그렇지 않으면 따로따로 네 개의 색깔이 그대로 담겨있는 채로 들고 마신다. 찻물은 목을 통해 쭉 흘러 들어감을 시각화한다. 숨을 들이 쉬고 내쉬면 맛과 향이 일어날 것이다.

○ 찻물의 색·향·미가 목 아래로 쭉 흘러 들어가는데, 처음은 색·향·미의 흰색 빛의 찻물이 무게감을 가지고 시냇물이 흐르듯이 흘러내림을 연상하고 모래에 물이 스며들 듯이 연상한다.

○ 그다음으로 안개같이 연상하여 부드러운 솜에 젖어 들듯이 연상한다.

○ 그다음에는 흰색 빛으로 화하여 투과하듯이 연상한다.

◎ 좌종을 한번 친다.

○ 의식은 배꼽 아래 회음부에 둔다. 회음부에 의식을 두면 아래로 향하는 기운이 활성화된다. 이 기운은 소변, 배변과 걸어가거나 앉는 등의 활동을 원활하게 한다.

○ 색·향·미의 투명한 흰색 빛 백색 찻물은 계속 흘러 들어간다. 모래에 물이 스며들 듯이 안개가 스며들 듯이 빛이 투과하듯이 연상한다.

◎ 좌종을 한번 친다. 좌종 소리의 여운이 끝나면 찻잔을 내려놓는다.

○ 회음부에서 다시 정수리 쪽으로 오색차 명상해 간다.

○ 녹색의 녹차 → 황금색의 황차 → 흰색의 백차 → 붉은색의 홍차 → 녹색의

녹차(미간) → 파랑색의 청차 순으로 오색차 명상을 한다.

○ 상상 속에서 청색 찻잔을 내려놓고 천천히 눈을 뜬다. 앞에 있는 찻잔을 들고 차를 한 모금 마신 다음 내려놓는다. 찻물이 목을 통해 쭉 들어가서 몸속에 흡수되는 걸 쭉 지켜본다.

○ 숨을 들이쉬고 내쉬면서 차 명상을 끝내는 죽비 세 번 친다.

4. 색한마음 다선 실습

● 색한마음 다선은 합일하여 머무는 것이 명상의 핵심 중의 하나이다. 그 순서는 첫째는 찻잔과 합일하고 둘째는 차물의 거울같이 맑고 허공같이 투명하게 빈 이미지와 합일하고 머문다. 셋째는 머물고 있는 마음이 보이면 그 마음과 합일하여 머문다. 넷째는 그 마음의 본성으로 들어간다. 나머지 옹달샘, 연못, 호수, 바다, 하늘도 그와 같이 한다.

더 자세하게는 셋째의 경계가 나타나 그 마음과 합일하고 머물고 있으면 그 마음이 사라지면서 존속함을 볼 것이다. 그 때 과거의 마음은 지나가서 없고 미래의 마음은 오지 않아 없으며 현재의 마음도 머물지 않음을 알아차리고 머물지 않는 즉, 흔적 없음에 머물게 되면 두 가지 무無를 체험한다. 즉, 흔적 없음의 '없음'을 체험한다. 이어서 흔적 없음에 머물고 있는 유주有住의 마음도 무주無住가 되는 두 번째 무주의 없음을 체험한다. 그리고는 그 '없음'에도 머물지 않고 스스로 머물 것이 없다는 그 마음도 취하지 아니하여 주객이 끊어져 공적하고 평등하다. 즉, 마음의 본성이 공적하여 근본이 없고 현상을 나타낼 종자도 없으며 조작이 없는 본래면목이 드러난다.

1) 도입

○ 좌종을 한번 치고 합장 인사한다.

○ 다각(절에서 차를 달여 여러 사람에게 이바지하는 사람)은 숨을 들이쉬고 내쉬면서 코끝에 시선을 잠시 둔다. 이어서 시선을 차 도구로 옮기고 움직이는 손동작마다 느낌의 변화를 알아채면서 움직임 하나하나 순간순간 알아차림 하여 대상으로부터 마음을 챙긴다. 차를 따르면서 차와 일체 도구가 자신과 하나로 연결됨을 생각하면서 물 흐르고 꽃피듯 자연스럽게 마음이 편안하게 모두와 함께 하듯 일체감 있게 한다.

○ 다각은 손님께 차 드리고 자리에 와서 앉은 뒤, 색한마음 다선의 상상 속 이미지를 떠올리고 전체 과정을 생각한다.

○ 손님이 있다면 손님과 함께 그 과정을 생각한다.

○ 좌종을 한 번 치고 차 명상의 시작을 알린다.

○ 찻잔을 앞에 두고 한두 차례 들이쉬고 내쉬면서 어깨에 힘을 빼고 허리를 펴준다. 이렇게 몸과 마음의 긴장을 풀고 시선은 코끝에 두고 호흡을 본다. 이때부터 손님 외의 대중 모두 함께 차 명상한다.

○ 눈을 감고 각자 내면에서 다실을 꾸미고 차 도구 일체를 상상으로 갖추는 '다실꾸미기 뜻 새기기'명상을 한다.

○ 상상의 차방에서 벗어나 눈을 뜨고 앞에 있는 찻잔을 알아차림 하면서 잡으러 간다. 마치 한 송이 연꽃이 피듯이 한 손으로 찻잔을 들고, 한 손으로 받쳐 준다.

○ 찻잔과 찻잔 바닥의 연꽃문양을 본다. 봄으로써 찻물 색의 입체적으로 투명하게 맑고 텅 빔을 본다. 맑으면서 텅 빈 찻물 색의 빛깔을 바라보면서, 향기를 느끼고 차를 한 모금 마셔 맛을 음미한다.

○ 찻잔을 내려놓고 찻잔 바닥의 연꽃을 보면서 차의 맑고 투명하게 텅 빔을 지켜보고 조용히 눈을 감으면서—이때 눈은 살며시 감거나 반쯤 감아도 좋다—찻잔은 물에 뜬 달같이 실체가 없는 환이라는 이미지를 연상한다. 앞으로 모든 이미지는 이렇게 연상한다. 그리고 찻잔은 자기의 몸이요, 찻물의 거울같이 맑고 투명하게 허공같이 비어있음은 자신의 마음임을 생각하고 먼저 찻잔과 합일하고 다음은 차물의 거울같이 맑고 허공같이 투명하게 빈 이미지와 합일하고 그 상태로 머문다. (작게 좌종을 친다.)

※ 찻잔을 들고 해도 된다.

2) 순행(색즉시공)

○ 찻잔에서 찻잔보다 큰 옹달샘으로 간다. 찻잔의 맑고 투명한 찻물에서 옹달샘의 주위가 아주 고요하고 맑은 샘물이 투명하게 퐁퐁 솟아오르는 옹달샘을 연상하며 옹달샘은 자기의 몸이고 옹달샘 물의 맑고 투명하여 텅 비어있음은 생각하고 먼저 옹달샘과 합일하고 다음은 옹달샘의 거울같이 맑고 허공같이 투명하게 빈 이미지와 합일하고 그 상태로 머문다. (특히 맑고 투명함이 샘솟듯 살아 움직임을 시각화하여 잊지 않고 기억 한다. 작게 좌종을 친다.)

○ 옹달샘에서 옹달샘보다 수십 배 큰 연못으로 간다. 맑고 투명한 옹달샘에서 큰 연못을 연상하며 연꽃이 피어 있는 연못은 연꽃의 정화작용에 의해 맑고 투명한 물속에 금붕어들이 유유히 헤엄치는 것을 본다. 그리고 연못은 자기의 몸이며 연못의 맑고 투명하게 비어있음은 자신의 마음임을 알아 먼저 연못과 합일하고 다음은 연못의 거울같이 맑고 허공같이 투명하게 빈 이미지와 합일하고 그 상태로 머문다. (작게 좌종을 친다.)

○ 연못에서 연못보다 수백 배 큰 호수로 나아간다. 맑고 투명한 연못에서 햇살이 반사되어 반짝반짝 빛나는 바람 한 점 없는 잔잔한 호수를 연상한다. 산 그림자와 나뭇가지 그림자가 거울 같은 호수 면에 비치고 돛단배가 유유히 한 폭의 그림같이 미끄러져 가는 자리의 맑고 투명하게 비어있음은 자신의 마음임을 생각하고 먼저 호수와 합일하고 다음은 호수의 거울같이 맑고 허공같이 투명하게 빈 이미지와 합일하고 그 상태로 머문다. (작게 좌종을 친다.)

○ 호수에서 호수보다 수천 배 큰 바다로 간다. 바람 한 점 없는 잔잔한 호수에서 저 멀리 수평선이 보이고 갈매기도 날아다니고 여객선의 한가한 모습이 수평선을 등지고 지나간다. 바람 한 점 없으며 한없이 넓고 그 깊이 또한 측량할 수 없는 바다 그 자체가 큰 거울과 같이 맑고 투명하게 텅 있다. 먼저 바다와 합일하고 다음은 바다의 거울같이 맑고 허공같이 투명하게 빈 이미지와 합일하고 그 상태로 머문다. (작게 좌종을 친다.)

○ 바다에서 바다보다 무한의 하늘로 올라간다. 하늘에 올라가는 것이 무겁고 힘들다면 구름으로 만든 연꽃을 상상하여 타고 올라가면 된다. 무거운 것은 번뇌의 힘이 크기 때문이며 본인의 심리적인 문제이다. 수평선이 보이는 바다에서 동서남북 상하가 텅 비어 깊이와 넓이를 알 수 없는 텅 빈 파랑색 하늘을 상상하고 쪽빛 하늘에 흰 구름 한 조각 유유히 지나감을 시각화하여 지켜본다. 그림 같은 한 조각구름 사이로 파랑색의 맑고 투명한 허공이 수평선 하나 없는 무한 그대로 맑고 투명하게 텅 빔이 자신의 마음임을 생각하고 먼저 하늘과 합일하고 다음은 하늘의 거울같이 맑고 허공같이 투명하게 빈 이미지와 합일하고 그 상태로 머문다. (작게 좌종을 친다. 30여 초 이상) 즉, 보고자 듣고자 느끼고자 하는 의도가 일어나면 멈추고 그냥 그대로 가만히 머문다.

▫ ▷ 상상 속의 하늘에서 허공에 머물러 구름으로 만든 차상위에 있는

찻잔을 들고 하늘색 빛깔을 보고 향을 맡고 맛을 음미하면서 차를 마신다. 숨을 들이쉬고 내쉬면 향기와 맛이 되살아난다. (하늘에서 차 명상을 끝 마침할 수 있다.)

※ 하늘에서 허공에 머물러 차를 마시는 명상은 앞 명상의 맥이 끊어지지 않게 상상으로 차를 마셔도 되며 죽비도 치지 않는다.

3) 삼매(중간 점검)

○ 죽비를 작게 한 번 친다.

○ 찻잔을 앞에 내려놓고 눈을 감고 거울같이 맑고 허공같이 투명하면서 텅 빈 하늘에 머물고 구름으로 만든 방석에 앉아 차 자리를 펴고 파랑색 하늘 빛깔을 보고 향을 맡고 맛을 음미하면서 한가득 마심을 상상한다. 이 차 마심은 잡생각이 많이 올라오거나 과거 기억으로 감정이 올라오는 것을 진정시킨다. 맑고 투명하면서도 찬란한 파랑색 빛이 나는 차를 상상하여 생생하게 마신다. 손끝 발끝 머리끝까지 온몸의 세포에 모래에 물이 스며들 듯이 한다. 스며드는 이미지를 지켜본다. (좌종을 작게 한번 친다.)

○ 온몸의 형태가 점점 사라질 때까지 상상의 차를 마신다. 만일 사라졌다면 몸의 허공과 몸 밖의 허공이 똑같이 허공이 되어 안팎이 경계가 사라짐을 지켜보면서 지켜보는 마음을 크고 둥근 큰 거울과 같이 시각화하여 큰 거울이 비추듯이 앞뒤 좌우 위아래의 무한 공간을 비추면서 지켜본다. 그 큰 거울로 텅 빈 자기에게 비추고, 비추고 있는 자기 마음이 포착되면 그 마음에 초점을 맞추고 생멸 없음[흔적 없음]에 집중한다.

○ 만일 몸의 형태가 그대로라면 몸을 허공같이 연상하고 밖의 허공도 연상하여 안팎이 똑같은 허공이 됨을 지켜보면서 지켜보는 마음을 크고 둥근 큰 거울과 같이 시각화하고 큰 거울이 비추듯이 앞뒤 좌우 위아래의 무한 공간을 비처본다. 그리고 자신에게 돌려 비춘다. 이 길이 삼매에

들어가는 길임을 잊지 않는다. (작게 좌종을 친다.)

ㅇ 상상의 찻잔을 내려놓는다.

ㅇ 이제 하늘에서 찻잔 방향으로 내려간다. 여기에서는 '지나가서 없고, 사라져서 없고 항상 함이 없는 무상함을 체득한다.

4) 역행(공즉시색)

ㅇ 하늘에 구름 한 조각이 유유히 지나서 사라지고, 마신 차의 향기와 맛도 변화하여 무상함을 시각화하여 지켜본다. (작게 좌종을 친다.)

ㅇ 다시 하늘에서 하늘보다 작은 바다로 되돌아온다. 동서남북 상하가 텅 비어 깊이와 넓이를 알 수 없는 파랑색 하늘 허공에서 맑고 투명한 바다를 상상하고―큰 거울로 비추는 것이 되면 큰 거울로 비추고―갈매기도 날아가고 없고 수평선에 의지하고 있는 여객선도 지나가고 없어 무상함을 실감한다. 수평선을 의지하여 파랑색의 맑고 투명하게 텅 빔에 초점 맞추고 머문다. (작게 좌종을 친다.)

ㅇ 바다에서 바다보다 작은 호수로 되돌아온다. 바다의 맑고 투명하게 텅 빔을 보던 마음으로 호수의 전경을 투명하게 시각화하여 기억한다. 호수의 그림 같은 돛단배의 유유히 지나가서 없는 자리가 고요함을 지켜보면서 물빛 비치는 산과 나무 그림자에 거울과 같이 맑고 투명하게 텅 빔에 초점 맞추고 머문다. (작게 좌종을 친다.)

ㅇ 호수에서 호수보다 작은 연못으로 되돌아온다. 호수의 맑고 고요함에서 연못의 전체 경관을 투명하게 시각화하여 구현하고 기억한다. 연못의 맑고 투명한 물속에 헤엄치는 금붕어들의 흔적이 없고 아주 고요하면서 텅 빔만이 있음에 초점 맞추고 머문다. (작게 좌종을 친다.)

ㅇ 연못에서 연못보다 작은 옹달샘으로 되돌아온다. 연못처럼 맑고 투명하게

텅 빔에서 옹달샘의 경관을 투명하게 시각화하여 잊어버리지 않는다. 집중하여 퐁퐁 솟아오르는 샘물을 본다. 지나간 물은 돌아오지 않고 미래에 올 물은 오지 않아 없고 현재 지금 솟아오르는 샘물도 머물지 않아 없다.

머물지 않음은 소유할 수 없고 소유할 수 없음은 곧 애착(갈망과 붙잡음)을 가질 수 없어 대상으로부터 자유로움을 확인하고 체험해 본다. 그리하여 지금 샘물에 초점을 맞추지 않고 머물지 않아 흔적 없음에 초점을 맞춘다. (작게 좌종을 친다.)

또한, 과거와 미래는 없으며 현재도 머물지 않아 현재 이 순간 늘 깨어 있는지 살핀다. 이제 자유로움의 체험과 늘 깨어있는 체험 그 상태로 맑고 투명하게 텅 빔에 머물러 초점 맞추고 가만히 머물러 본다. (작게 좌종을 친다.)

○ 옹달샘에서 옹달샘보다 작은 찻잔 속의 맑고 투명한 상태로 되돌아온다. 옹달샘의 맑고 투명하여 텅 빔에서 찻잔 속의 맑고 투명하게 텅 빔을 시각화하여 기억한다. 고요하면서도 맑고 투명하게 텅 빔에 머물러 초점 맞추고 가만히 머물러 본다. (작게 좌종을 친다.)

○ 맑고 투명하게 텅 빔은 이미지이며 마음이며 또한 부동임을 알아차리며 물이 본래 움직임이 없듯이 마음의 본체는 움직임이 없음을 이해한다. 지금 맑고 투명하게 텅 빔을 보고 있는 마음이 포착되면 그 마음에 초점 맞추고 집중하여 머문다. (작게 좌종을 친다.)

5) 마무리

○ 이제 이 길이 삼매로 들어가는 길임을 확인하고 상상의 차방에서 나온다. 숨을 들이쉬고 내쉬면서 시선을 잠시 코끝에 두고 호흡을 본다. 차의 맑고

투명함을 거울같이 하여 차를 마신다. 맑고 투명하게 텅 빈 차의 이미지를 시각화하여 향기를 맡고 맛을 보고 찻물이 목에서 온몸까지 모래에 물이 스며들 듯이 시각화한다. 색한마음차가 이제 투명 감로차가 된다. (작게 좌종을 친다.)

○ 투명 감로차가 온몸의 세포 속으로 스며들어감을 관상한다. 만일 몸이 맑고 허공같이 투명해지며, 번뇌 또한 사라져 마음의 안팎이 없는 텅 빈 경계가 오면 무한히 자유로움을 맛본다.

○ 천천히 알아차림 하면서 찻잔을 차상에 내려놓는다. 잠시 맑고 투명하게 텅 빈 마음 상태로 코끝에 시선을 두고서 고요함 속에서 자기의 몸과 내면의 변화를 관찰한다.

○ 천천히 눈을 뜨면서 코끝에 시선을 두고, 자기 몸을 주시하고 마음속의 마음의 눈으로 옆 사람 옆 사람 모든 사람을 하나로 연결하여 바라본다. 바라보는 것이 빈 마음을 보내는 것임을 알아차린다. 찻물처럼 맑고 투명한 빈 마음을 보낸다. 이는 이렇게 자비심을 키우는 것이다. (작게 좌종을 친다.)

○ 다각은 찻상을 정리하고 나서, 좌종을 한번 치고 죽비 세 번 친다.

○ 행복을 기원한다.

"강물이 흘러 바다에 이르듯
초생 달이 둥근달을 이루듯
지각 있는 모든 존재들이
평안하시고 행복하십시오."

제5장

길잡이의 코칭 – 차명상의
결과이면서 과정

코칭은 심리 상담과 다르다. 굳이 내담자의 정신적인 문제의 원인을 찾아 그 원인을 없앨 필요가 없다. 자존심이 강한 내담자라면 체면손상을 우려하기 때문에 자기문제를 드러내지 않을 수 있고 드러내더라도 곧 바로 마음의 문을 닫아버릴 가능성이 많다.

그러나 코칭은 그런 문제의 해답을 자신의 내면에 갖추어져 있으므로 스스로 자기문제를 직시하도록 인도하는 것이다. 명상을 통해 정신적인 성숙이 이루어지면 거울로 자신을 비쳐보듯이 하여 자신의 문제 해결이 되기도 한다. 또한 나타나는 현상을 다르마(법)로 보기 시작하면 지혜가 생겨서 자신의 모든 문제를 다르마로 볼 것이고 그러면 문제는 저절로 해결된다. 지혜는 망설임 없이 결정하는 힘이 있기 때문에 우유부단하거나 결정하지 못하고 망설이는 현상이 없어진다. 더 나아가 자기에게 갖추어진 무한 능력을 발휘할 수 있다. 자기의 삶을 바람직한 방향으로 전환할 수 있다. 또한 창조적 삶을 살아갈 수 있다. 뿐만 아니라 사회적 역량도 생겨서 사회에 도움을 줄 수 있는 역량을 발휘할 수 있다.

다르마는 모든 현상의 시작점이자 무한 잠재능력이다. 문제의 근원적인 것을 보게 하는 것이 차명상이다. 그리고 이렇게 이르게 하는 것이 코칭이다. 명상은 있는데 코칭이 없다면 명상에서 일어나는 현상이 무엇인지를 모르고, 그 현상을 다르마로 볼 수 없다. 그러므로 명상의 방향과 길을 잃어버리고 삶과 죽음의 모든 문제를 해결할 수 없다.

완전한 깨달음을 성취하여 대자유를 이루기 전에는 목적지에 이르는 수행 과정이 결과이고, 그 결과가 원인이 되어 더 향상된 결과를 가져온다. 그러기 위해서는 코칭이 필요하다.
차명상을 통해 체험한 바를 코칭하여 명상한 분들의 잠재력을 이끌어내고 본인의 문제를 스스로 해결해 줄 수 있도록 코칭하는 것이다.

첫째. '나에게 무한 잠재력과 무한가능성이 있다'는 것은 명상의 대상인 '경境'이다. '경'은 무한 잠재력과 무한가능성인 마음의 본성을 말한다. 이러한 마음의 본성에 대하여 코칭한다.

둘째, '모든 문제의 해답은 내안에 있다'는 것은 수행의 결과로서 '과果'이다. '과'는 시작점을 알면 결과를 알 수 있다고 코칭한다. 그런데 시작점이란 결국 마음의 본성이다. 내안의 본성을 수행을 통해 직접 체험하고 체득하는 것이다.

셋째, '이것을 해결해 줄 수 있도록 수단도 내안에 갖추어져 있다'는 것은 명상의 수단인 '행行'이다. '행'을 통하여 마음의 본성인 '경'을 알고 '과'를 아는 것이다. 바로 이 본성과 명상수단의 일치점을 코칭한다.

넷째, '경·행·과'를 알게 하고 해답을 찾게 하는 길잡이의 인도가 필요하다'는 '경·행·과'의 모든 것을 바르게 인도하는 코칭이다. 코칭도 마음의 본성에서 나옴을 잊지 말아야 한다. 즉, 인도자의 인성과 지식과 체험의 삼박자를 갖추어야 한다. 인성人性은 열정과 인내와 연민이다. 지식은 대소승의 경론에 대한 지식이며 그 지식은 본인의 선정과 지혜체험과 일치하는 것이어야 한다.

이와 같이 코칭의 네 가지는 모두 마음에 갖추어져 있는 것이다.

명상하는 방법만 있고 명상을 인도하는 코칭이 없다면 아무리 명상을 하더라도 선정과 지혜를 얻기 어렵다. 하지만 공적한 마음의 본성에 갖추고 있는 다섯 가지 뜻에는 명상 코칭이 갖추고 있다. 다섯 가지 뜻은 불변과 수연으로 표현할 수 있다. 대승기신론에서는 성정본각이라고 하여 네 가지 마음 거울을 이야기한다. 이 또한 불변과 수연의 뜻으로 볼 수 있고 명상 코칭의 네 가지 조건을 갖추고 있다.

1. 현재 문제의 해답은 시작점에서

● 다섯 가지 뜻을 갖춘 여래장, 네 가지 깨달음의 바탕인 성정본각은 차명상의 시작점인 원인인 씨앗이면서 그 결과인 열매이며 또한 싹과 줄기와 잎, 그리고 꽃이라는 수행과정이기도 하다. 그래서 초지이상의 결과인 꽃이라는 깨달은 경지에 이른 수행자는 곧바로 중생을 구제하는 행으로 나타난다. 완전한 깨달음을 얻어 붓다가 되어도 끝나는 것이 아니라 끝없이 중생구제를 한다. 왜냐하면 마음의 시작점(境)이 과정(行)이면서 결과(果)이기 때문에 결과가 그대로 시작점이라서 그렇다.

코칭은 초지의 깨달은 경지에 이르지 못해도 수행체험과 이치를 아는 지혜가 있으면 가능하다. 수행체험과 이치를 아는 것이 결과이면서 앞으로 이를 바탕으로 계속 전진해 가므로 과정인 행이다. 그래서 코칭을 한다는 것은 코칭 받는 수행자의 정신적 성숙을 가져오게 하고 모든 것의 한 구멍으로 향상시키는 수행이면서 일미를 얻는 결과이기도 하다.

이와 같이 경-행-과는 모든 문제의 해결인 결과이면서 시작점인 바로 마음인 것이다. 꿈속에서 여러 나라를 전전하면서 고초를 당하다가 이것이 꿈 인줄 알고 깨어나 보니 침상에서 한 발자국도 옮기지 않았다는 사실과 같다. 이러한 마음의 본성을 알지 못하면 꿈속에서 여러 나라를 전전하면서 고초를 당하는 것이다. 명상은 이러한 사실을 바르게 아는 방법이다.

명상 코칭에는 네 가지 조건이 있다.

첫째, 나에게 무한 잠재력과 무한가능성이 있다
둘째, 모든 문제의 해답은 내안에 있다.

셋째, 해답을 찾게 하는 길잡이의 인도가 필요하다. 내안에 해답이 있다는 것은 내안에 해답을 줄 수 있는 수단도 갖추고 있다고 보아야 한다.

넷째, 이것을 해결해 줄 수 있는 수단도 내안에 갖추어져 있다.

앞의 세 가지가 기존의 코칭의 공식이라면 넷째 부분이 기존에 없던 코칭 하나 더 추가해야 한다. 이것이 명상 코칭이다.

명상 코칭의 과정과 끝은 시작점에서 출발한다. 현재의 문제점은 시작점에 그 해답이 있기 때문이다. 명상도 시작점을 알기 위한 작업이다. 현실에서 겪고 있는 다양한 괴로움과 생로병사의 원인과 해답이 마음에 있다. 그래서 명상도 내면으로 향하는 것이다. 내면을 보는 것이 명상의 기본적인 인식이다. 그 내면에 무엇이 있을까 바로 마음이 있다. 과연 마음이 현재의 모든 문제를 해결해 줄 수 있는 시작점일까? 시작이 과정이고 끝이라면 모든 문제는 해결된다.

비유하자면 씨앗을 심어 싹이 생기고 줄기와 잎이 생기고 꽃이 피고 열매를 맺는 것과 같다. 씨앗의 결과인 열매를 땅에 심으면 그대로 씨앗이다. 또한 열매를 맺는 과정인 싹과 줄기, 잎과 꽃도 씨앗이 아니면 있을 수 없으며, 알 수 없다. 열매 또한 있을 수 없다. 마음이 시작점이라면 태어나고 살아가는 삶의 모든 과정과 죽음도 마음이 해답일 수밖에 없다. 이 마음을 바르게 알 때 생로병사가 해결된다. 바르게 아는 그 방법이 곧 명상이다.

2. 마음의 본성과 명상 단계, 그리고 코칭

1) 마음 본체의 깨끗한 본각本覺

● 네 가지 마음의 본각은 무한 잠재능력과 가능성을 갖춘 여래장如來藏의 다섯 가지 뜻을 명상의 단계로 표현하고 있다. 말하자면 마음의 본성인 성정본각性淨本覺 자체가 명상 코칭을 모두 갖추고 있다.

『대승기신론大乘起信論』에는 거울에 비유되는 본래 깨달음本覺에는 네 가지 뜻과 두 가지의 비유가 있음을 설한다. 『대승기신론大乘起信論』에서 네 가지 뜻의 첫째는 여실공경如實空鏡의 공성이며 두 번째의 뜻은 인훈습경因熏習鏡의 지혜이다. 공과 지혜의 뜻은 원인이며 이 원인에 의해 나타나는 결과는 곧 세 번째의 뜻인 법출리경法出離鏡이다. 법출리경은 안으로 지혜에 의해 공과 지혜가 물에 물을 타면 경계가 없듯 법신法身이 됨을 뜻한다. 넷째의 뜻은 연훈습경緣熏習鏡의 연민심으로 밖으로 깨달은 법신의 힘으로 '지각 있는 존재'들을 도와주는 것이다. 즉, 깨달은 각성의 법신이 중생의 근기에 평등하게 비추어 온갖 교화를 나타내는 것이다.

두 가지 비유는 여실공경如實空鏡의 공성과 법출리경法出離鏡의 법신은 허공에 비유되며 불변不變의 뜻이다. 인훈습경因熏習鏡의 지혜와 연훈습경緣熏習鏡의 연민심으로 해탈에 도움 줌은 거울에 비유되며 수연隨緣의 뜻이다.

본래의 깨달음에는 자체적으로 대상에 영향을 주는 훈습의 힘이 있다. 비유하자면 물은 움직이는 성질이 없지만 물 자체는 무엇에든 스며드는 성질이 있다. 그러므로 물꼬를 터주면 물길이 생기고 그 물이 사물에 스며들듯이 본래 깨달음의 자체 훈습을 자극하여 행하는 것이 수행이다. 이러한 본래 깨달음과 훈습의 힘과 그 결과와 수행자에게 도움을 주는 것이 바로 명상 코칭이다.

2) 코칭 네 가지와 명상 단계

● 첫째의 공성은 코칭의 '나에게 무한 잠재력과 무한가능성이 있다'(여실공경)

둘째의 지혜는 '이것을 해결해 줄 수 있는 수단도 내안에 갖추어져 있다'(인훈습경)

셋째의 법신은 '모든 문제의 해답은 내안에 있다'(법출리경)

넷째, 미혹한 중생의 속박을 풀어주는 대자유로 이끄는 것은 '해답을 찾게 하는 길잡이의 인도가 필요하다'에 해당한다. 길잡이도 내안의 길잡이와 내 밖에서 안으로 도움을 주는 길잡이가 있다.(연훈습경)

첫째, 여실공경이라고 하여 '나에게 무한 잠재력과 무한가능성이 있다'에 해당되는 공성을 허공에 비유할 수 있다. 허공은 두루 하지 않는 곳이 없다는 것으로 평등의 비유이다. 그래서 그 어떤 것으로도 결정되어 있지 않아서 그 무엇으로도 될 수 있는 무한 가능성과 잠재력을 뜻한다. 그리고 무지와 번뇌 망상이라는 광석 속에 숨어있는 진금眞金과 같다. 따라서 사물을 볼 때 견고하고 독립되거나 막혀있는 현상으로 보인다면 이는 대상이 고정 독립되거나 분리되어 있다고 보는 생각이나 그러한 그 견해를 가지고 믿기 때문에 그 믿음과 견해에 따른 심리가 일어날 때는 전혀 마음의 본성인 공성이 드러나지 않는다. 그래서 여실공경의 공성 거울은 비추는 성질이 나타나지 않는다. 그래서 공적한 본성의 비추는 마음거울이 필요하므로 경鏡단계이다.

둘째, 인훈습경은 '이것을 해결해 줄 수 있도록 수단도 내안에 갖추어져 있다'에 해당하는 것으로 지혜거울의 맑고 밝은 작용에 비유할 수 있다. 거울의 맑은 면은 빛의 반사를 이용하여 물체의 모습을 비추는 도구의 기능이다. 즉, 물체의 모습을 비추고 물체의 모습이 비친다는 것에서 불공(不空)의 뜻을 가지고 있다. 이것은 자기가 자신을 인식하는 것도 인훈습경의 거울 작용이다.

허공에 비유되는 공성이 거울의 맑고 밝음으로 작용한다. 이 작용은 견고하고 막혀있는 것(심리)을 없애려는 마음이 저절로 일어남을 말한다. 이 일어남이 곧 영향(훈습)이다. 그리하여 거울에 일체현상이 나타나는데 '불출不出 ; 일체현상이 나가는 것이 아니고', 거울을 오염汚染시키는 것이 아니므로 '불입不入 ; 들어온 것이 아니다'고 말한 것이며, 반대로 장소에 따라 형상을 나타내는 마음 거울의 힘은 공간적으로 본래 깨달음(本覺)의 양量과 같아서 허공계와 같고 시간적으로 과거 현재 미래(三世際)에 두루하기 때문에 순간순간 변하는 감정, 생각과 같이 잃음이 없으며, 또한 감정, 생각과 같이 멸진의 파괴됨도 없기 때문에 '불실불괴不失不壞, 상주일심常住一心 ; 잃지도 않고 파괴되지도 않아서 항상 일심一心에 머문다'라고 말한다.

본래 깨달음[覺性]의 마음은 거울과 같이 나타내 보이는 성질이 있음과 동시에 마음 거울에 나타나는 일체현상이 여실히 공空하다는 성性을 보인다. 그러므로 마음거울에 나타난 일체현상이 공함을 나타내므로 지혜이며 이 지혜는 수행하여 얻는 지혜가 아니므로 지체(智體)이다. 이 지체는 움직이지 않고 번뇌 망상 없음(無漏)을 구족하고 있으므로 무의식적으로 중생에게 영향을 준다. 즉 중생이 번뇌 망상을 만나면 생사의 고통을 싫어하고 즐겁게 열반을 추구하게 하는 것이다. 이 불공의 인훈습경이 수행의 수단이 된다. 지혜가 다르마를 드러내고 또한 다르마가 지혜의 내용이다. 그래서 지혜와 다르마인 공은 본래 둘이 아니다. 다르마가 마음의 본성이다. 이 다르마를 모르면 온갖 고통이 일어나고 인생의 꼬이는 모든 문제의 해결기미는 보이지 않는다. 그렇지만 마음의 본성이 다르마인 줄 알게 되면 문제점들이 해결된다. 그래서 외부의 자극이 있으면 즉, 자연현상이나 큰 스승의 한 말씀이나 동작의 자극이 있으면 공성이 드러나고 즉각 지혜로 반응하여 깨침이 일어날 수 있다. 자극이란 상호의존으로 나타나므로 공성이 드러난다. 공성은 부분에 의존하기 때문이다. 그래서 자극을 주는 알아차림, 즉 공삼매와 무분별지를 일으키는 집중명상과 분석명상이 수단이 된다. 깨침의 모든 수단이 인훈습경의 거울작용인 것이다. 이 마음거울에 나타나는 모든 것은 환영과 같이 아는 지혜(거울작용)이기 때문에 환幻의 단계이다.

셋째, 법출리경法出離鏡은 시각始覺인 인훈습경의 공삼매와 공성의 무분별지혜에 의해 아집과 법집을 벗어버리고 진과 망의 화합한 모습을 깨트린다. 그래서 중생과 부처가 평등하고 법계가 하나인줄을 깨달아 청정한 맑고 밝은 법신을 얻는다. 아집의 번뇌장과 법집의 소지장을 떠난 법출리의 청정심은 어떠한 환경에 처해 있더라도 물들지 않는다. 그래서 인종차별과 성차별과 계층차별 속에서도 법계평등의 제일의공으로 해소한다. 그러므로 '모든 문제의 해답은 내안에 있다'라고 할 수 있는 이것은 공空의 단계이다.

제일의공은 상주일심으로 공과 불공이 드러나고 지각 있는 존재들을 제일의공의 보리심으로써 교화하는 외연의 훈습의 힘인 연훈緣薰을 일으키게 되는 것이다.

넷째, 연훈습경緣熏習鏡은 제일의공으로 무無가 아니라 자성이 없다는 공의 뜻이므로 자성 없는 모든 존재는 상호의존하여 모양과 색깔을 가지고 이름을 갖는다. 마치 연꽃잎이 중첩되어 상호의존이며 불이不二이듯이 모든 존재가 상호의존함은 불공이다. 이것은 곧 모든 것이 마음자체의 성품을 연꽃에 비유할 수 있으므로 화華단계의 경계이다. 그러므로 생사를 떠난(법출리) 청정심이 두루 하며 중생의 생사번뇌를 만나면 제일의공이 거울 같이 작용하여 생사가 있는 중생의 마음을 두루 비추어서 생사번뇌를 정화한다. 곧 저 본각이 현현顯現할 때에 중생의 근기를 평등하게 비추어 온갖 교화를 시현示現한다.

그러므로 어느 순간 수행하게 되는 계기가 되면 즉, 한 송이의 꽃을 보거나 강도를 당하거나 인생이 무상하다는 것을 경험하게 되면 스스로 수행하고자 하는 마음이 생겨 수행하게 된다. 이것은 곧 본래 깨달음의 공과 지혜의 정훈淨熏이 수행의 계기와 만나게 되어 잠재되어 있던 이 정훈이 영향을 받아 원인이 되어 시각始覺인 공과 불공의 인훈因薰을 일으키는 것이다. 시각인 인훈의 지혜에 의해 번뇌의 장애(煩惱碍)와 지혜의 장애(智碍)를 벗어나고 화합상을 여의어서 깨끗하고 맑고 밝은 법신을 얻는다. 이로써 지각 있는 존재들을 제일의공으로써 교화하는 외연의 훈습 힘인 연훈緣薰을 일으키게 되는 것이다. 이것이 '해답을 찾게 하는 길잡이의 인도가 필요하다'이다.

요약하면 깨달음의 본 모습인 공 → 지혜(不空) → 법신 →지각 있는 미혹한 생명의 교화(不空)이다.[35] 또한 이 네 가지 과정이 경鏡 → 환幻 → 공空 → 화華의 단계로 보면 된다. 이것은 차명상의 단계이기도 하다. 이 네 가지 단계가 그대로 수행의 틀인 경-행-과와 일치하며 명상 코칭이다. 즉, 경鏡단계인 경境의 공성은 '나에게 무한 잠재력과 무한가능성이 있다', 환幻단계인 행行의 지혜는 '이것을 해결해 줄 수 있도록 수단도 내안에 갖추어져 있다' 공空단계인 과果의 법신은 나의 내부로 향하여 '모든 문제의 해답은 내안에 있다', 華단계의 果인 선지식善知識(길잡이)은 밖으로 향하여 '해답을 찾게 하는 길잡이의 인도가 필요하다'이다. 이 모두 우리 마음의 본성에 이것이 갖추어져 있다. 그러므로 본래의 깨달음(本覺)을 드러내려면

---

35) 『대승기신론大乘起信論』卷三의 一(性淨本覺 「覺體相」) "復次覺體相者, 有四種大義, 與虛空等, 猶如淨鏡. 云何爲四. 一者如實空鏡. 遠離一切心境界相. 無法可現. 非覺照義故. 二者因薰習鏡. 謂如實不空. 一切世間境界, 悉於中現. 不出不入. 不失不壞. 常住一心. 以一切法卽眞實性故. 又一切染法所不能染. 智體不動, 具足無漏, 薰衆生故. 三者法出離鏡. 謂不空法, 出煩惱碍, 智碍. 離和合相. 淳淨明故. 四者緣薰習鏡. 謂依法出離故, 徧照衆生之心, 令修善根. 隨念示現故."
다음에 각체상覺體相이란 것은 네 가지 '크다는 뜻'이 있다. 깨달음의 본 모습은 허공과 같으며, 맑은 거울과도 같다. 무엇이 네 가지인가? 첫째는 '사실대로 텅 빈 거울如實空鏡'과 같다. 모든 마음과 분별된 경계상을 멀리 여의어서 나타낼 만한 법[現象]이 없다. 각조覺照의 뜻이 아니기 때문이다. 둘째는 인훈습경因薰習鏡이니, '사실그대로 비어있지 않는 거울如實不空'이다. 일체 세간의 경계가 모두 그 가운데 나타나되 나오지도 않고 들어가지도 아니하며, 잃지도 않고 파괴되지도 않아서 일심에 항상 머무르니, 이는 일체법이 곧 진실성이기 때문이며, 또 일체의 염법染法이 더럽게 할 수 없으니 지체智體는 움직이지 아니하여 무루無漏를 구족하여서 중생을 훈습하기 때문이다. 세 번째는 법출리경法出離鏡이니, 불공법不空法이 번뇌애煩惱碍와 지애智碍를 벗어나고 화합상을 여의어서 깨끗하고 맑고 밝기 때문이다. 네 번째는 연훈습경緣薰習鏡이니, 법출리法出離에 의하기 때문에 중생의 마음을 두루 비추어서 선근을 닦도록 하여 생각에 따라 나타나기 때문이다."

수행해야한다.

이와 같이 『대승기신론』에서 설하는 거울과 허공에 비유되는 네 가지 뜻은 마음의 본성이며 명상의 단계이며 코칭의 전부이다.

〈표 6-1〉 대승기신론의 성정본각과 코칭의 4가지 조건

대승기신론의 성정본각(性淨本覺)	깨달음의 본 모습	깨달음의 과정	코칭의 4가지 조건
여실공경(如實空鏡)	공성	경단계	나에게 무한 잠재력과 무한가능성이 있다.
인훈습경(因熏習鏡)	지혜	환단계	이것을 해결해 줄 수 있는 수단도 내안에 갖추어져 있다.
법출리경(法出離鏡)	법신	공단계	모든 문제의 해답은 내안에 있다.
연훈습경(緣熏習鏡)	지각 있는 미혹한 생명의 교화	화단계	해답을 찾게 하는 길잡이의 인도가 필요하다.

3. 길잡이의 코칭

• 완전한 깨달음을 성취하여 대자유를 이루기 전에는 목적지에 이르는 수행 과정이 결과이고, 그 결과가 원인이 되어 더 향상된 결과를 가져온다. 그러기 위해서는 코칭이 필요하다.

차명상을 통해 체험한 바를 코칭하여 명상한 분들의 잠재력을 이끌어내고 본인의 문제를 스스로 해결해 줄 수 있도록 코칭하는 것이다.

첫째. '나에게 무한 잠재력과 무한가능성이 있다'는 것은 명상의 대상인 '경境'이다.

'경'은 알아야할 대상으로 무한 잠재력과 무한가능성인 마음의 본성을 말한다. 이러한 마음의 본성에 대하여 어떻게 명상하는가를 코칭하고 그 체험을 코칭한다.

둘째, '모든 문제의 해답은 내안에 있다'는 것은 수행의 결과로서 '과(果)이다. '과'는 시작점을 알면 결과를 알 수 있다고 코칭한다. 그런데 시작점이란 결국 마음의 본성인 본각이다. 내안의 본각성품에 대해 수행을 통해 직접 체득하게 코칭하는 것이다.

셋째, '이것을 해결해 줄 수 있는 수단도 내안에 갖추어져 있다'는 것은 명상의 수단인 '행(行)'이다. '행'을 통하여 마음의 본각공성인 '경'을 알고 '과'를 아는 것이다. 바로 이 본성과 명상수단의 일치점을 코칭한다.

넷째, '경ㆍ행ㆍ과'를 알게 하고 해답을 찾게 하는 길잡이의 인도가 필요하다'는 '경ㆍ행ㆍ과'의 모든 것을 바르게 인도하는 코칭이다. 코칭도 마음의 본성에서 나옴을 잊지 말아야 한다. 즉, 인도자의 인성과 지식과 체험의 삼박자를 갖추어야 한다. 인성人性은 열정과 인내와 연민이다. 지식은 대소승의 경론에 대한 지식이며 그 지식은 본인의 선정과 지혜체험과 일치하는 것이어야 한다.

이와 같이 코칭의 네 가지는 모두 마음에 갖추어져 있는 것이다.

1) 나에게 무한 잠재력과 가능성이 있다

● '나에게 무한 잠재력과 가능성이 있다'는 것은 마음의 본성이 공적하다. 공적함은 조작이 없고 근본이 없고 어떠한 현상도 나타내는 종자가 없다. 그래서 마음의 본성은 허공같이 인식대상이 없어 텅 비어 있어 아무 것도 없지만 허공자체가 없는 것이 아니듯이 마음의 본성도 이와 같다. 이 본성에는 불변과 수연의 두 가지 뜻이 있다. 불변은 공적하여 모양도 색깔도 방향도

처소도 없어 자성自性이 없다. 수연은 공적함이 인연을 따라 모양을 나타내어도 즉, 진금을 장신구로 만들어도 진금의 성품이 바뀌지 않듯이 공적함이 여러 인연을 따라 모양과 색깔로 나타내더라도 자립함이 없어서 자성이 없음은 같다. 즉, 환경이 다르고 생활습관이 다 다르고 다양한 인종에 다양한 지식습득과 문화가 다르고 식생활이 다르고 키와 얼굴모양이 다르고 선하기도하고 악하기도 하다. 그러나 인연을 따르는 그 본성은 진금과 같이 항상 공적하다. 그래서 자기의 인생을 자신이 얼마든지 바꿀 수 있고 자유롭게 행복한 삶을 영위할 수 있다.

그래서 첫째, 주객이 없어 평등하며 세상의 불평등을 치유할 수 있으며 둘째, 모든 주의 주장이 공하기 때문에 모든 얽히고설킨 심리를 풀고 쟁론을 멈추게 하며 셋째, 마음의 본성이 공적하여 어떤 것으로도 결정되어 있지 않다는 것이다. 그래서 남녀, 사람, 동물 등이 될 수 있고 어떤 것으로도 결정되어 있지 않아서 직업, 성격, 습관, 다른 것이지만 이 또한 얼마든지 바꿀 수 있다. 그리고 고귀한 자비와 지혜를 계발할 수 있다.

2) 모든 문제의 해답은 내안에 있다

• '모든 문제의 해답은 내 안에 있다'는 것은 모든 문제의 답은 시작점에 있기 때문이다. 삼라만상 우주 모든 것의 근원은 마음에 있다. 왜냐하면 공적한 마음의 투영된 현상이기 때문이다. 마음의 본성인 공적한 마음은 공하면서도 공하지 않다. 불공은 은隱·불개不改·생生·인因·성性이지만 『대승기신론』에서는 공적한 마음은 그 본성을 진여라고 한다. 진여자체는 모든 범부와 성인에 이르기까지 늘어남도 없고 줄어듦도 없으며, 앞선 때에 생겨난 것도 아니고 뒤에 없어지는 것도 아니며, 절대적으로 항상하다. 원래부터 진여본성이 모든 공덕을 만족하고 있는 것이다. 그래서 진여자체로서 큰 지혜광명의 뜻, 온 세상을 다 비춘다는 뜻, 참되게 알아차린다는 뜻, 자성이 청정한 마음이라는 뜻, 상常·락樂·아我·정淨의 뜻, 청량하고 변하지 않으면서 자재한다는 뜻이 있다. 그러므로 모든

삶을 망가트리고 자유롭지 못하게 하는 감정은 탐욕과 성냄과 어리석음이다. 이와 같은 부정적인 마음에서 오는 삶과 죽음의 괴로움에서 벗어나는 그 해답을 찾는다면 내안 마음에 있다는 것이다. 뿐만 아니라 명상의 대상과 명상의 수행방법과 그 결과인 세 가지가 맞아야 한다. 마음의 공적한 본성은 명상의 대상이며 명상의 수단이며 그 결과이기 때문이다.

3) 이것을 해결해 줄 수 있는 수단도 내안에 갖추어져 있다.

● 명상의 대상과 명상의 수행방법과 그 결과인 세 가지가 맞아야 한다. 마음의 공적한 본성은 명상의 대상이며 명상의 수단이며 그 결과이기 때문이다. 마음의 공적인 은隱·불개不改는 불변의 뜻이라면 생生·인因은 수연의 뜻이 있다. 인因의 뜻은 공적해서 생멸 없는 이 성품은 생멸하는 느낌, 생각, 감정적 번뇌를 만나면 없애는 작용을 한다. 그 작용은 명상의 수단이다.

염·상·사의 생각과 그 생각으로 무상·고·무아의 삼법인을 닦고 육바라밀을 수행하면서 계정혜 삼학의 단계를 성취해 가는 무한 향상이 모두 마음에 갖추어져 있다. 마음의 본성이 수단이기 때문이다.

이와 같이 마음의 본성을 알기 위해 내면을 보는 것이 명상이다. 수행 중에 대상에 반응하는 느낌, 감정, 생각이 무상하게 변하고 변하는 것은 만족스럽지 못하고(苦) 만족스럽지 않은 것은 내 뜻대로 조절할 수 없는 무아이다. 무상하고 고이며 무아라는 다르마를 아는 지혜가 생기면 비로소 사물과 생각과 감정으로부터 자유로워지는 것이다. 더 나아가 마음의 본성까지 알게 되면 삶과 죽음으로부터 자유롭게 된다. 더 나아가 지혜가 생기면서 지각 있는 모든 존재들을 돕는 실천 행으로서 자비심을 펼친다.

4) 문제를 해결해 줄 수 있는 길잡이의 인도가 필요하다 – 코칭 – 보리심

● '이것을 해결해 줄 수 있도록 길잡이의 인도가 필요하다'는 것은 길잡이는 단지 길을 가리키는 역할만 할 뿐이다. 그

가리키는 길을 걸어가는 것은 명상자 본인이 해야한다. 도달하고 못하는 것은 본인의 몫이다. 비유하면, 목동이 목마른 소를 이끌고 물가에 이르러 물을 마시게 한다. 하지만, 물을 마시고 안 마시는 것은 소에게 달려있는 것과 같다.

그러므로 코칭은 경·행·과의 마음의 본성을 잘 알아서 '나에게 무한 잠재력과 가능성이 있다', '모든 문제의 해답은 내 안에 있다', '이것을 해결해 줄 수 있는 수단도 내안에 갖추어져 있다'를 자각하게 하고 그 체험자를 위하여 명상방법의 점검과 수행의 현상을 살펴 바른 길로 나아갈 수 있도록 제시 해 주는 것이다. 마치 명의가 환자의 병 상태를 정확히 진단하고 치료 후, 회복상태를 살피듯이 차명상 체험을 점검해야한다. 여기서는 어떤 장애가 있고 어떤 심리가 일어나고 있는지 살피고 정신적인 진보가 있는지에 대해서도 코칭해야 한다. 또한 이 코칭은 곧 자신의 문제를 스스로 해결할 수 있는 능력을 키우는 것이기도 하며 코칭 능력 배양은 곧 지도자로서의 지도요건을 갖추는 것이 된다. 그리고 자기가 자신의 명상체험을 코칭할 수 있다. 이제 여러 차명상 중에 행다선의 코칭을 예로 들겠다.

4. 행다선의 코칭

● 행다선의 코칭 기준은 다음과 같다.

① 접촉에서 일어나는 모든 느낌을 알아차렸는가?

접촉하는 모든 부분에는 느낌이 일어난다. 그 느낌을 알아차리는 것이다. 예를 들면, 시선과 찻잔을 잡으러 가는 손의 움직임을 알아챌 때는, 시선과 손과의 접촉이 있기 때문에 손의 움직이는 느낌[視覺]을 알아차리는 것이다. 또 찻잔을 잡으러 가는 손에 공기와 접촉이 일어나면 공기의 저항감을 느낀다. 그 느낌[촉각]을 알아차리는 것이다.

손으로 찻잔을 잡으면 손과 찻잔의 접촉에 의해서 차가운 느낌이나 매끄러운 느낌 등을 알아챌 수 있다. 다관이나 찻잔, 물 식힘 그릇에 물이 떨어질 때 바닥과 접촉하여 일어나는 소리를 알아차린다. 소리라는 느낌은 청각이다. 이 청각을 알아채는 것이다. 차향[후각], 차 맛[미각] 등은 알아차려야 할 대상이다.

② 각 동작마다 일어나는 몸의 반응을 알아차렸는가? 나아가 그 반응들이 매순간 변해나감을 알아차렸는가?

③ 행다하는 동안 생각이나 감정이 개입되었다면, 그 즉시 알아차렸는가?

④ 각 동작이 일어나기 전, 움직이고자 하는 '의도'가 먼저 일어나는데 이 의도를 알아차렸는가?

⑤ 행다를 하기 전과 하는 동안, 또 끝난 직후 마음 상태는 같은가? [고요함의 정도 비교]

⑥ 행다하는 동안 자기 몸의 움직임이 한눈에 들어오는가?

⑦ 행다선을 통해 일어나는 일곱 가지의 깨달음의 요소가 있는지를 점검한다. 즉, 이 일곱 가지는 깨달을 수 있는 인연, 깨달을 수 있는 고리라고 한다.

알아차림으로 이루어진 깨달음의 요소[念覺支], 법에 대한 선별로 이루어진 깨달음의 요소[擇法覺支], 정진으로 이루어진 깨달음의 요소[精進覺支], 기쁨으로 이루어진 깨달음의 요소[喜覺支], 편안함으로 이루어진 깨달음의 요소[輕安覺支], 집중 삼매로 이루어진 깨달음의 요소[定覺支], 평정으로 이루어진 깨달음의 요소[捨覺支] 등이다.

이러한 행다선의 체험을 코칭한다.

5. 잠재능력의 현현과 자리이타

● 차명상을 통하여 집중이 생기면 번뇌가 일어나지 않게 하는 능력이 나타나는데 이것이 선정이다. 집중력이 생기면 밖으로부터 어떠한 부정적인 자극을 받더라도 마음의 동요가 없고 내부에서 일어나는 감정과 갖가지 잠생각도 일어남이 현저히 줄어든다. 마음은 평온을 유지할 수 있다. 하물며 선정을 얻게 되면 마음의 자유, 심해탈心解脫이 일어난다.

그리고 차명상을 통하여 다르마가 드러날 때 지혜라는 능력이 나타나면서 번뇌를 잘라가는 힘으로 작용한다. 상호의존을 아는 지혜, 무상을 아는 지혜, 괴로움을 아는 지혜, 무아를 아는 지혜, 무자성을 아는 지혜, 오직 마음뿐이고 다른 경계가 없음을 아는 지혜를 얻는다. 이것은 자기역량을 가지게 된다.

그리고 집중 선정과 지혜에 의해 생긴 자기관리역량은 도덕성에 맞는 행을 하게 된다. 몸으로 짓는 살생, 도둑질, 삿된 음행을 하지 않게 되고, 입으로 짓는 거짓말, 이간질, 악담, 꾸미는 말를 하지 않게 되고 마음으로 짓는 탐욕, 성냄, 어리석음에서 벗어나게 된다.

이렇게 도덕성인 계와 선정의 정과 지혜의 혜가 자기역량만이 아니라 밖으로'지각 있는 모든 존재'를 이롭게 하는 사회적 역량으로 발휘하게 된다. 감성역량, 의사소통역량, 갈등관리역량, 공동체 역량으로 발휘하게 된다. 자비회사의 한량없는 마음을 발휘하고 보시·애어·이행·동사섭으로 지각 있는 존재를 돕고 궁극에는 중생을 돕고 효과적으로 돕기 위하여 위없는 깨달음을 얻는 보리심을 일으키고 보리심을 실천하는 행을 하게 된다.

6. 코칭 하는 길잡이의 조건

● 길잡이의 코칭에도 인격적인 자격조건이 있다. 열정, 인내, 연민이며 코칭 수단의 정확성에 있어서 자격조건은 수행체험, 초기경전과 대소승경전과 청정도론, 아비달마, 유식, 중관 등의 논서의 학습, 지도경험이 필요하며 그 외의 조건으로 심리와 인체관련학 이수, 심리상담경험 등이다.

최상의 길잡이는 이론과 체험이 겸비한 수행자이다. 체험만 있는 길잡이는 이론적인 힘이 약하기 때문에 꿀 먹은 벙어리같이 코칭 하기가 한계가 있다. 반면 이론은 갖추었지만 체험이 없다면 말 잘하는 앵무새 같아 길잡이는 길을 인도하기 어렵다.

우리가 지혜를 논하는 것은 모든 괴로움은 무지에서 오기 때문이다. 코칭하는 길잡이의 코칭이 우리 사회를 밝고 맑고 지혜롭게 바꿀 수 있음을 명심하자.

차명상상담학 개론

부제 : **차명상과 차명상상담**

글·선엽

연꽃호수

제1부
차명상상담의 개념

차명상상담은 차를 매체로 활용하여 명상과 상담 및 심리치료를 하는 일련의 과정을 말한다. 차명상상담은 자연의 산물인 차 매체를 통해 자신을 바로보고 그 변화된 안목을 공동체 구성원의 심신변화와 삶의 질적 향상으로 회향하기 위한 목적으로 만들어졌다. 다양한 프로그램을 활용하여 대중의 고통을 감소시키는 작업부터 최종적으로는 직지 · 행불할 수 있도록 구조화하였다.

차명상상담은 세부적으로 선차와 차명상을 결합하여 안목을 바꾸는 선차, 진단과 평가를 의미하는 품차, 움직임 중심의 행다차례, 그리고 차명상을 활용한 심리치료인 차담으로 구성된다.

제1장
차명상상담의 정의

● '차명상상담'은 '차 매체를 활용한 명상상담'을 의미하는 동시에 '차 정담 · 차 상담/심리치료 · 차 법담'을 포괄하는 개념인 '차담'의 명상 치유적 활용이다.

또한 1차적으로 육체적(몸) 먹거리인 차(차 도구)를 매개체로 촉진된 현상을 알아차리고 집중하여 통찰하는 과정을 통해 정신적(마음) 먹거리인 다양한 이야기(談)를 취사 · 선택 · 표현 할 수 있는 내적 능력을 계발하여 좋지 않은 습관으로 인하여 불편함을 야기하는 자신의 몸과 말과 마음을 수정하고, 불안과 두려움과 공포가 없는 본래적 회복의 상태인 몸과 마음이 행복한 생활을 하도록 하는 일련의 활동을 의미한다.

그와 동시에 명상을 기반으로 한 차 생활 속에서 대화명상을 통한 적절한 경청과 반영, 그리고 자기노출을 통해 대인 관계를 활성화 시키고 이를 토대로 도움이 필요한 이들에게 최적화된 상담적 차담을 제공하여 내담자가 자신과 주변 관계에 대한 이해 증진을 기초로 스스로 긍정적인 정서에 기인한 효율적인 의사결정을 통해 자신 안의 본기능[거인]을 회복시켜 유의미한 표현을 하면서 자신의 삶을 누리며 살 수 있도록 도와주는 일련의 치유적 활동을 의미하기도 한다.

제2장
차명상상담의 목적

　　　　　　　　　• '차명상상담'은 명상적 차담을 활용하여 행복한 삶을 영위하는데 필요한 세 가지 관계[1] 회복을 통한 인간 회복을 목적으로 하고 있다. 이를 위해 먼저 몸과 마음의 관계를 정상화하고 이어서 의사소통 훈련을 통해 대인관계를 회복하고 더불어 차와 인간 간의 유기적인 상호 작용에 대한 이해를 기반으로 하여 환경과의 관계를 회복한다. 그리고 이와 같은 일련의 작업과 훈련을 통해 자신의 긍정적인 자아상을 확립한 이들이 차명상상담 프로그램을 학습하고 훈련하는 과정을 통해 고장난 사고, 부정적 감정, 훼손된 욕구, 잘못된 언어 습관과 행동 습관을 수정·치유하도록 한다. 또한 이를 토대로 확보된 바른 가치관과 바른 의도에 기반한 바른 언어와 행동으로 주변인들과의 바른 관계 맺기인 바른 삶을 살면서 차명상상담 치유 기법을 나누는 과정을 통해 고통 받는 이들을 돕는 역할을 하도록 하여 회복된 이들이 존재 차원에서 함께 마음을 터놓고 미소 지으며 살 수 있는 행복한 세상이 열리도록 조력하는데 일조하도록 한다.

제3장
차명상상담의 특징

　　　　　　　　　• 차명상상담의 첫 번째 특징은 차와 차 도구

---

1) 몸과 맘, 사람과 사람, 인간과 환경

를 '매체'로 활용한다는 점이다. 사람과 사람 사이에 차가 놓이면 동참자의 몸과 마음에는 변화가 발생한다. 차를 준비하는 일련의 과정 속에서 수 없이 많은 생각과 감정이 수증기 속에서 춤을 춘다. 수증기를 말풍선으로 이해하면 오고가는 무언의 대화를 감지할 수 있다.

또한 '찻잔'과 '찻물'은 '고정성'과 '유동성'을 대표하는 매체들이다. 고르는 모양과 색상에 따라 그 순간의 마음 상태가 반영된다. 이를 기반으로 상대방의 지금 마음을 읽을 수 있는 진단이 가능하다. 진단은 치유 작업과 병행되어 매체의 기능을 완성한다.

두 번째 특징은 명상을 통해 상담적/법담적 차담자리로의 변화를 파악한다는 점이다. 명상은 '바로 봄'을 의미한다. 내담자의 내적 변화를 바로 보아야 단순한 정담용 찻자리인지 아니면 상담용 차담자리인지를 구별할 수 있다. 반복적 관찰을 통해 통찰의 안목을 여는 작업을 통해 상대방의 상태를 적절하게 파악하는 능력을 함양하게 된다. 통찰의 눈이 열리는 순간 법담자리는 바로 그 곳에서 열리게 된다.

세 번째 특징은 몸 · 말 · 맘의 핵심 이야기를 변화의 기제로 사용한다는 점이다. 드러난 마음현상은 身 · 口 · 意에 오래 전에 새겨진 것들이 대부분이다. 습관이라는 이름의 이 현상들 중에서 특히 영향력이 강한 것을 '핵심 이야기'라고 부른다. 이 '핵심'을 다루어야 인생이야기에 직접적인 변화를 줄 수 있다. 차명상상담은 바로 이 핵심이야기를 멈춤과 관찰을 통해 드러내고 명명과 선택을 통해 처리한다. 긍정적인 현상은 계발 · 유지하고 부정적인 현상은 차단 · 제거한다.
이런 일련의 과정을 통해 삶이라는 이야기를 바르게 전환하는 제대로 된 변화 즉 본래적 회복을 도모한다.

제4장
차명상상담의 장점

● 차명상상담의 장점은 우선 Intake 시 저항이 적다는 것이다. '차를 마시자'는 표현에 '정담을 나누자'는 의미가 내포되어 있는 경우가 많아 자연스럽게 서로 '접촉'하게 된다. '접촉이 되었다'는 것은 '근 · 경 · 식 三事和合'이 이루어 진 것이기 때문에 일체가 현존하게 되어 '본래 마음'을 가리고 있던 방어벽이 그 모습을 드러내게 된다.

두 번째는 이완에서 친밀감, 그리고 신뢰감으로 이어지는 친뢰감(라포) 형성이 용이하다는 점이다.
접촉하는 대상의 경우 친밀도가 높아 이것저것 허용하지만 결정적으로 믿을 수가 없어 함께하지 못하는 경우가 있다. 또한 믿을 수는 있어서 함께하지만 精적인 면에서 부족함을 느껴 오래 같이하지 못하는 경우도 있다. 이 두 가지 심리적 기능이 합쳐졌을 때 우리는 대상에게 마음의 문을 열게 된다.

차명상상담은 차 매체의 품평 즉 진단 · 평가적 특성에 의한 신뢰감과 차담자리의 구조적 정서함양 기능으로 인해 친뢰감 형성을 어렵지 않게 할 수 있다.

세 번째로 '차명상상담'은 품평[진단 · 평가]도구와 치유 도구[프로그램]를 구비하고 있다는 점을 장점으로 들 수 있다. 우선 찻잔의 색상선택을 활용한 '차 명상 품평 키트'와 무드라 명상을 활용한 '마하도형검사', 그리고 '통그램'을 활용한 성격유형검사 등을 진단도구로 사용하여 내담자의 상태를 파악한다. 그리고 나서 이를 통해 파악한 위험요인은 치유 계획에 맞추어 극복방안을 마련하고 보호요인은 극대화시켜 현실에 적응하도록 돕는다. 최종적으로는 내담자가 본래 자신의 모습을 회복하도록 치유 작업을 진행한다. 이런 일련의 과정을 진행할 수 있는 것은 결국 적절한 도구를 갖춘 덕분이다.

제5장
차명상상담의 효과

● 차명상상담을 하다 보면 차 자체의 성분으로 인한 긍정적인 생리적인 변화와 명상상담으로 인한 심리내적 효과를 보게 되며 또한 의사소통 능력의 향상으로 인한 대인 관계 개선 등의 효과가 있다.

조금 더 세부적으로 다루어 '자기치유'를 가져오는 1차적 효과부터 살펴보면, 우선 자신의 문제를 인식하고 고찰하는 관찰력이 증가하게 된다. 다음으로 초기의 '인식'과 변화된 '고찰'을 '병치'하는 과정을 통하여 결국에는 자신의 문제를 직면하는 '자기적용'을 하게 되고 문제해결 능력이 증가되는 효과를 보게 된다.

이 과정을 통해 자기 갈망(원 = 願)의 투사나 전이, 그리고 의식적 차원의 동일시를 놓게 되고 특정 감정이나 사고에 매인 집착의 굴레를 벗어나게 되는 과정을 지속적으로 경험하게 되면 소통의 폭이 확대되는 효과의 증폭으로 인해 모든 존재와 소통할 수 있게 된다.

보통의 경우에는 이 자기치유의 단계에서 훈련된 상담치유사의 도움을 받아 치유 경험을 하게 된다. 즉 훈련된 상담치유사와 내담자 간의 상호작용적 차명상상담(차담치유, 힐링차담)을 통해 문제적 동일시에서 벗어나 '줏동일시(온전한 존재)'에 이르는 변화를 경험하고 이 과정을 통해서 자신의 인지 · 정서적 문제를 해결하는 것이다.

차명상상담의 2차적 효과는 명상에 기반한 차 생활 속에서 대화명상(담선)을 통한 적절한 경청과 반영, 자기 노출이 가능해 지고, 그것으로 하여 대인관계가 활성화 되는 단계에서 나타난다. 이 단계에서는 자기 치유의 차원을 넘어 타인과의 적절한 공감이 가능해지면서 대인관계의 소통 부족을 확인하고 개선하는 과정을 통해 주요한 타자들과의 관계 및 생활사의 전반적인 문제를 해결할 수 있게 된다.

3차적 효과는 1 · 2차적 효과를 얻고 나면 이것을 토대로 도움이 필요한 이들에게 최적화된 상담적 차담을 제공 할 수 있는 능력을 갖추게 된다는 점이다. 치유의 과정을 통해 자기 이해가 증진되고 이를 토대로 타인의 이해가 가능하게 된 후에는 자연스럽게 자신의 문제해결 경험을 공유하게 된다. 다시 말해 자기를 아는 만큼 타인을 수용하게 되면서 자연스럽게 타인 치유의 과정에 동참하게 되고 자신의 경험을 토대로 타인들의 심리내적 치유와 관계 회복을 도울 수 있게 되는 것이다.

요약해 보면 1단계에서는 자기치유가 일어나고(내적치유), 2단계에서는 관계치유, 3단계에서는 다른 사람의 치유를 도울 수 있는 전인적 변화를 효과로 체험하게 되는 것이다.

제2부

차명상상담의 요소

차명상상담의 구성요소를 도식화 하면 아래와 같다. 구성요소들은 상호 작용을 통해 서로 영향을 주고받는다. 예를 들면, 차 매체와 '접촉'함으로서 '몸'에 변화가 발생한다. 그 변화하는 몸의 반응을 '이야기'라고 하고 '지금 여기'에서 그 이야기를 바로 보는 것을 '명상'이라고 한다. 명상적 이해를 통해 접촉하는 대상이 바뀌면 이야기의 초점이 바뀌어 몸에 변화가 발생하고 몸의 표현인 삶이 달라진다.

특히 명상적 이해를 통해 접촉하는 대상에 대한 선택적 수용에 변화가 발생하면 이야기의 초점이 바뀌어 몸에 변화가 발생하고 결과적으로 몸의 표현인 삶이 달라진다는 점은 구성 요소 간의 흐름을 읽어내는데 필요한 전환적 인식이다.

[그림 2-1] 차명상상담의 구성요소

아래의 표는 차명상상담의 구성요소를 표로 정리한 것이다.

⟨표 2-2⟩ 차명상상담의 구성요소

구분	1차적 구성요소	내 용
1	인간관으로서의 맘	통합적 관점의 '맘' 이해하기 몸과 말과 맘의 구조와 기능에 대해 구체적으로 파악하기 자극을 수용, 처리, 표현하는 과정 속에서 몸과 마음에 일어나는 모든 현상의 본질과 특성 파악하고 이해하기
2	매체로서의 차	매체의 일반적 기능과 차 매체의 독특한 기능 살펴보기
3	선으로서의 명상	알아차림과 집중 그리고 통찰에 기반한 명상의 활용 방안
4	이야기로서의 담	삶으로서의 이야기, 맥락적 이야기 및 대화로서의 이야기와 차의 스토리텔링적 요소 알아보기 정담과 상담과 법담 구별하여 사용하기

제6장

인간관으로서의 맘

1. 맘의 의미

● 차명상상담의 주제는 지금 여기에 있는 '자기(自己)'이다. 자기란 곧 '나'자신을 가리키는 것으로 불교식 표현은 "온(蘊)"이 되고, 차명상상담에서는 "맘"을 쓰고 있다.

'맘' 또는 '몱'이란 몸과 말과 맘의 합성어로 인간을 '몸 + 말 + 맘' 또는 '몸 = 말 = 맘'으로 보는 통합적인 관점에서 나온 말이다. 그리고 날개의 움직임을 날개 짓이라고 하듯 맘의 움직임을 맘짓이라 하고 맘짓의 총합을 '삶'이라고 한다.

[그림 2-3] 맘과 삶 관계도

맘은 機 즉 존재차원으로 보면 몸 + 말 + 맘의 구조적 형태를 지닌 Being이며 用 즉 활용차원으로 보면 몸짓, 말짓, 마음짓이라는 Doing이다. 그래서 맘은 being의 존재이기도 하고, doing의 활용이기도 하다. 인간은 맘의 구조를 가지고 있으면서 그것을 쓰고, 활용하면서 살고 있기 때문이다. 사실 모든 치유는 이러한 우리의 존재와 관련된 것들이다. 예를 들어, 의학의 경우는 몸을 중심으로 내 맘을 살리는 것이고, 의사소통은 말을 중심으로, 심리치료는 마음을 중심으로 내 맘을 살리자는 내용인 것이다.

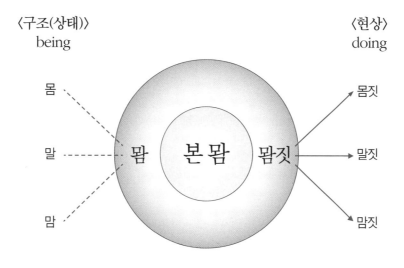

[그림 2-4] 맘의 구조와 현상

2. 맘으로 바라보기

● '맘'은 '온(蘊)'의 다른 표현이다. 온(蘊)은 '모아진 것, 다발'이라는 의미로 '나'를 표현하는 단어이다. '나'를 하나(1)로, 두 개(2)로, 다섯(5)으로, 여덟(8), 육십(60)조, 육십조(60조)·오(5)만 등의 관점으로 통합해서 또는 나누어서 본다는 의미이다. '묶인 다발'로 보는 것이 하나로 보는 것이고, 둘로 보는 것은 명과 색(마음과 몸), 다섯으로 보는 것은 색(몸),수·상·행·식(마음), 여덟으로 보는 것은 지·수·화·풍(몸), 수·상·행·식(마음)이 되고, 육십 조로 보는 것은

세포의 숫자이고, 육십조·오만은 세포 육십조와 오만가지라는 생각으로 우리 자신을 보는 방법이다. '나'를 다양한 각도에서 살펴보고 제대로 알고, 이해하기 위한 작업이다.

'지금 여기서 나를 보는데, '나'라는 표현을 쓰지 않고 '맘'이라고 쓰는 이유는 '나'라고 하는 순간 자꾸 '나'라는 표현에 묶이기 때문이다. 그래서 여러 가지로 분석해 보는 것이고, 차명상상담에서는 '맘'이라는 표현을 통해서 '나'라는 것에 묶이지 않도록 하는 효과를 내는 것이다.

'자기'를 보는 방식으로는 나라는 존재를 여러 다발로 쪼개어 분석적, 논리적으로 보는 견해도 있고, 또 다른 방법으로는 Holistic하게 전인적으로 통합적으로 통(統)으로 보는 견해도 있다. 통합적으로 자기를 본다는 것은 직관적으로 대상을 파악하는 방법으로 '나'라는 존재를 '무아(無我)'로 '공(空)'으로 '성(性)'으로 장(藏)으로 화(華)로 그리고 무(無)로 보는 방식이다.

'자기'를 직관적으로 보는 첫 번째 관점인 '無我'는 초기불교에서 말한 것으로 "변하지 않는 실체인 '나'라고 할 만한 것이 없다"는 것을 의미한다. 이 관점은 시시각각으로 변하는 '무상(無常)'의 입장에서 고정된 실체로서의 나는 변함없는 實在로 존재할 수 없다는 관점이다. 어려서부터 현재까지의 나는 세포도 달라지고, 생각도 달라지고, 모습도 달라지고 늘 변하는 존재로서 있는 것이지 고정된 실체로서 있는 것이 아님을 말하는 것이다.

'無我'의 또 다른 측면은 '나'는 다른 존재들과 서로 영향을 주고받고 상호작용을 하는 연기적 관계 속에 있다는 점이다. '나'는 물 없이 공기 없이 타인 없이 홀로 존재할 수 없으며 유기적인 관계 속에서 상호 의존하는 존재라는 의미이다.

다시 말해 '나'는 '관계'아니 할 수 없고 '변화'아니할 수 없다. 고정된 실체가 아닌 존재로(無我) 나를 바라보면, 결국에는 모든 것은 서로 연결되어 이루어진 연기적인 존재로 보이게 된다.

두 번째로 공(空)이라는 측면으로 바라보는 관점이다. '나'를 텅 빈 존재로 바라보는 것이다. 텅 비어있기 때문에 나라는 존재는 모든 것을 다 받아들이는 공감적 수용이 가능하고 불필요한 동일시를 놓을 수 있는 방하착이 가능하다는 것이다.

세 번째는 '나'라는 존재를 성(性)이라고 보는 측면이다. 우리 자신을 본성(本性)측면에서 '불성(佛性)'을 가진 존재라고 보는 것이다. 즉 나를 자세히 보니 내 존재가 '보배 덩어리'라는 것을 발견해 내는 것이다. 무아와 공이 '나'라는 존재의 변화와 수용성에 초점을 맞추었다면 성(性)은 내가 갖추고 있는 것, '나'라는 존재의 능력에 초점을 맞추고 있는 것이다. 즉 무아와 공이 내가 걸려있는 것과 변화하는 존재라는 것에 시선을 두고 있는 것이라면, 성은 내가 계발할 수 있는 것에 초점을 맞추고 있는 것이다. 본래부터 가지고 있는 것, 내가 계발할 수 있는 여지가 있는 것에 시선을 두고 있는 것이다. 무아와 공은 지금 상태로 고정되어 있지 않는 변하는 존재이기 때문에 내가 노력하는 만큼 능력을 계발해서 쓸 수 있는 것이고, 성은 본래 가지고 있는 좋은 점에 초점을 맞추어 그것만 잘 계발하면 된다고 말하는 것이다. 따라서 초점만 달리해서 설명하는 것이지 결국에는 같은 이야기를 하고 있는 것이다.

네 번째는 '자기'를 장(藏)으로 바라보는 관점이다. 장은 저장식을 말하며 온갖 보배가 저장된 마음창고로 보면 된다. 이 창고에는 물건들이 크게 여섯 종류로 나누어져 보관되어 있는데 필요에 따라 꺼내 쓴다. 필수, 긍정, 부정, 가변 등으로 이름 붙여진 이 현상들을 잘 살펴보면 나의 능력을 확인할 수 있다. 또한 어떻게 활용하느냐에 따라 삶의 질감이 달라진다.

다섯 번째는 '자기'를 화(華)로 보는 관점이다. 나는 본래 빛나는 존재로 화려하게 나의 능력을 꽃피우고 살 수 밖에 없다는 것이다. 본래 갖추고 있는 다양한 능력을 배양하고 발휘하는 삶에 초점이 맞추어져 있다. 특히 계발할 능력을 특정하고 구체적으로 활용할 수 있는 방법을 제시하고 있어 실시한 후 점검이 가능하기에 실용적인 '자기 사용 설명서'라고 할 수 있다.

여섯 번째는 '자기'를 무(無)로 보는 관점이다. 여기서 無는 두 가지 의미를 내포하고 있는데 첫 번째는 자기를 無念 無相 無主의 관점으로 바라보아 '자기'를 고정적인 실체로 보지 않는다는 의미이다. 즉 '자기'란 어떤 관념의 틀로 한정해서는 제대로 볼 수 없다는 것이다. 명명한 순간 벌써 '나'라는 생각과 모양과 주장에 걸린 것으로 '자기'를 잘 못보고 있는 것으로 알고 無로 있는 그대로 바로보자는 관점이다. 두 번째는 '자기'를 '無限'의 관점으로 보자는 것이다. 모든 존재를 받아들일 수 있는 능력과 무한의 능력을 펼칠 수 있는 능력을 갖춘 무한 능력자로 보는 것이다.

무아로 바라보는 것은 초기불교의 관점이고 공, 성, 장, 화 등은 대승불교의 반야, 법화, 유식, 화엄의 관점이다. 반야의 공(空)이 모든 것을 다 지우개로 지우고 모든 것들을 받아들이고 수용하는 측면을 말하는 것이라면, 법화에서는 모든 지움과 수용의 기능이 바로 본래 갖추어진 자기 자신의 능력이라고 말하는 것이고, 유식에서 그 기능들을 확인하고 화엄에서 그 능력을 무한하게 펼치는 과정을 보여주고 있는 것이다. 화엄은 온 우주에 자기 능력을 펼치는 것을 말한다. 반야와 법화가 동전의 앞·뒷면이라고 한다면 반야와 화엄의 경우는 반야는 거둬드리는 것이고 화엄은 펼치는 것이라고 보면 된다.

여섯 번째의 언급된 '자기'를 無로 보는 관점은 선의 인간관이다. 선에서는 존재를 보는 무아, 공, 성, 장, 화의 방식을 '無'라고 하는 단 하나의 직관적 단어로 해결하고 있다. 그것이 바로 간화선에서 말하는 무(無)자 화두의 배경이기도 하다. 내가 걸려있는 모든 것을 없애는 의미로 무(無)가 되기도 하고, 또한 무(無)자 뒤에 경계를 규정하는 한(限)자를 붙여 자신의 능력이 무한하고 언제든 펼치고 쓰면 된다는 무한(無限)능력의 의미가 되기도 한다. 예를 들어 "개에게 불성이 있습니까?"했을 때 "무(無)"라는 대답으로 불성이라는 상에 걸려있는 것을 제거하는 방식으로서, 반야 공으로서의 무(無)자도 되는 반면에 자비희사의 무량한 마음으로서 자신의 능력을 펼치는 화엄으로의 무(無)자도 있는 것이다. 즉 막고 없애는 무자도 되고, 무한으로 펼치는 무자도 가능한 것으로서, 없애고 늘리고를 단 한마디로 나타낼 수 있는 용어가 무(無)자인 것이다. 그래서 선종에서는 '自己(맘)'를 무심(無心)으로 바라보고, 행주좌와어묵동정 時에 무한의 부처로 기능하라고 한 것이다.

제7장
매체로서의 차/차도구

● 차명상상담에서는 맘을 자극하여 맘현상을 발생시키고 퍼 올리는 자극원 역할을 하는 매체(매개물)로 차와 육체적 먹거리로서의 음식(喉)과 정신적 먹거리로서의 이야기(談) 등을 사용하고 있다. 자극원 역할을 하는 매체(매개물)로 차에는 모든 종류의 차를 비롯하여 차와 관련한 각종도구들이 포함되 며 여기에서는 차와 차 관련도구를 중심으로 서술하고자 한다.(음식은 음식명상과 음식 중심의 차명상상담을 통해 세부적으로 다루고 있으며 '이야기'는 '이야기로서의 담' 부분에서 상세 히 설명한다.)

매체란 단수로는 medium이고, 복수로는 media이다. 이 단어의 어원은 고대 라틴어의 Medius에서 유래되었으며, 그 뜻은 '무엇과 무엇의 사이'이다. 즉, 매체란 무엇과 무엇의 사이를 관계하거나 연결하는 매개의 의미를 담고 있다.

차명상상담에서는 내담자와 상담치유사 사이에 위치하여 소통을 매개하는 수단을 의미한다.

미디어는 17세기 자연과학분야에 차용되어 처음에는 매개물이라는 의미로 쓰이다가 18세기에 들어서는 '소통'을 이루게 하는 수단으로 그 의미가 확장된다. 20세기 들어와서는 매체들이 멀티형으로 발달하게 되면서 그 의미와 쓰임이 광범위하게 확대되는 과정을 거쳐 드디어 마셜 맥루한에 의해 '매체가 메시지'라고 정의되기에 이른다. 다시 말해 '매체와 의미는 둘이 아니다'라는 개념을 띄게 된 것이다.

원래 매체는 사람과 사람사이에서 의사(메시지)를 전달하는 운반도구로서의 기능을 담당했지만 이제는 매체 자체가 메시지를 내포하고 있다는 의미로 변한 것이다. 지금 여기에서 사용되고 있는 '매체'라는 말은 바로 이런 역사적 배경을 가지고 1960년 이후에 생성된 매체의 의미를 포함하고 있다. 매체에 관한 논의는 현재 더욱 세밀해지고 복잡한 형태를 띠고 있으며 그만큼 중요한 개념이 되었다. 차명상상담에서 매체는 소통의 기본요소가 된다.

매체란 '무엇과 무엇사이'를 의미하는데, 이 무엇과 무엇사이를 구분하면 세 가지를 말할 수 있다. 첫째, 몸과 마음사이, 사람과 사람사이, 마지막으로 인간과 환경사이가 그것이다. 예를 들어 몸과 마음사이에 서로 괴리감이 있고, 부조화되어 있다면, 이 둘 사이에 어떤 것이 있어서 몸과 마음 사이를 연결하는 역할을 하게 되어 부조화를 조화롭게 하는 것이 매체의 기능이 되는 것이다. 사람과 사람 사이에 '어떤 것(매체)'이 있어서 두 사람을 소통하게 하는 것이 또한 매체의 기능이 되며, 마찬가지로 인간과 환경사이에서도 어떤 것이 있어서 인간과 환경 간에 소통이 일어나게 되면 이 역시 매체의 기능이 되는 것이다. 매체를 잘 활용해서 소통을 가능하게 하는 긍정적 요소들이 있는데, 이 모든 것을 매체의 기능이라 말한다.

차명상상담에서의 매체는 기본적으로 "상담자(치유사)와 내담자 사이"에 놓인 것이다. 그래서 상담자와 내담자 사이에 무엇을 놓을 것인지가 중요하다. 차명상상담에서는 상담자와 내담자 사이에 '차/차도구'를 놓고 있기에 차 매체라고 부르는 것이다. 이 세상에 매체 아닌 것이 없지만, 차명상상담에서는 '차/차도구'를 대표매체로 사용한다. 치유의 소재로는 연필, 물감, 모래 등 다양한 것이 쓰이고 있지만, 차명상상담에서는 치유의 소재로 '차/차도구'를 활용하고 있다.

차명상상담에서 쓰는 매체의 정의를 내려 보면 "내 몸과 마음에 자극원으로 작용해서 몸과 마음에 변화를 일으키는 모든 것"이다.(내 몸과 마음에 변화를 일으키는 모든 매개물은 다 매체가 된다.)

다음은 차명상상담에서 쓰는 매체의 정의를 세 가지(3M)로 서술한 것이다.

1. 모든 매체는 메시지(Message)이다.

● 이것은 매체의 기능, 즉 의미 측면을 말한다. '매체와 메시지가 둘이 아니다'라는 개념이고, 매체의 기능이 자극원이란 의미이다. 매체 자체가 의미로서 사람들에게 기능한다는 것이다. 단, 매체의 의미는 각 개인에 따라 달라질 수 있다. 그래서 같은 종류이면서도 다양한 매체들이 생성되고, 확장된다. 예술가들의 경우를 보면 그들은 사물(매체)에게 부여된 고정된 관점과 의미를 비틀어 새로운 의미로 만들어 낸다. 예를 들어, 1917년 뉴욕 독립미술가협회전에 변기를 전시한 뒤샹의 경우를 보자. 샘(Fountain)이라는 이름의 이 변기는 예술품으로 전환되어 새로운 메시지를 전달하고 있다. 매체에 부여되는 다양한 이들의 의미를 통해 매체는 새로운 메시지로 재탄생하게 되는 것이다.

컵을 예로 든다면 모양새나 색깔에 따라 각자에게 의미가 달라지기 때문에 다양하게 만들어질 수밖에 없는 것이다. 같은 매체인데 각자에게 다른 메시지가 되기 때문에 차명상상담에서는 매체를 치유도구로 사용하고 있다.

2. 모든 매체는 마사지(Massage)이다.

● 이것은 매체의 역할, 즉 영향력을 말한다. 매체가 심리적으로 사람들에게 큰 영향력을 가진다는 의미이다. 매체와 함께하는 것만으로도 편안함을 느낀다. 예를 들면, 이제는 핸드폰이 없으면 마음이 불편하고 있어야 편안함을 느끼는 것과 같다. 매체의 영향을 입지 않고는 자신의 삶이 불편해진 것도 같은 맥락이다.

매체를 잘 쓰면 편안하고, 잘 쓰지 못하면 불편하게 된다. 매체와 접촉하면 '좋다, 좋지 않다. 그저 그렇다'라는 감정이 일어나는 되는데, 이런 측면에서 매체는 나에게 좋거나, 좋지 않거나, 좋은 것도 좋지 않은 것도 아니라는 말이다. 다시 말해서 매체는 내게 마사지의 역할을 하게 되는데, 그 마사지라는 영향력이 긍정적인 영향을 줄 수도 있고, 부정적인 영향을 끼칠 수도 있다는 것이다.

"매체가 마사지다."라는 것은 다시 말해, 그 만큼 매체가 우리에게 주는 영향력이 크다는 의미이다. 마사지는 일반적으로 긍정적으로 쓰이지만 반복에 의한 중독으로 전환되면 부정적으로 변화되어, 결국에는 마사지를 받지 않으면 살 수 없게 되는 중독적 상황에 이를 수도 있게 된다.

3. 모든 매체는 매직(Magic)이다.

● 이것은 매체의 효과를 표현한 말이다. 매체를 가지고 회복이나 치유 방법으로 잘 쓰면 사람이 치유되고, 회복되는 효과를 가져 오는 것이다. 그것이 바로 매직의 의미이다. 단순한 매체의 활용으로 사람이 치유되고, 회복되는 효과가 발생하기 때문에 '마법'이 되는 것이다. 예를 들어, 차 몇 잔을 마셨을 뿐인데 내담자의 마음에 긍정적 변화가 생겨 치유적 효과를 보게 되는 경우이다.

내담자와 상담치유사 사이에 놓여 몸현상을 일으키는 매체는 색·성·향·미·촉(2차 매체)이며 몸현상을 운반하는 매체는 안·이·비·설·신(1차 매체)이다. 이 모든 매체를 통해 일어난 몸현상을 통찰하여 '나'를 이해하게 되는 치유가 일어났을 때 그것이야말로 진정한 '매직'인 것이다.

다음으로 훈련된 상담치유사에 의해 활용되는 대표적인 차 매체의 효과를 이완, 촉진, 반영의 기능을 중심으로 정리해 보고자 한다.

아래는 양현주의 시 '찻잔속의 그대' 중 일부이다.

> "물끄러미 바라보다/ 눈 빛 겹쳐/ 멋쩍은 빛 황급히 흩어지면/ 둘 곳 없는
> 손만 바빠 / 다소곳이 앉아 있는 찻잔 흔들어댑니다."

얼굴과 얼굴을 마주하는 상담적 대화는 때로는 사람의 마음을 불편하게 할 수도 있다. 그래서 자신의 마음을 내어 놓을 수도 또는 숨길 수도 있는 매개체인 찻잔에 눈길을 주고 멋쩍은 마음을 숨기며 손으로 찻잔을 흔들어 대고 있는 것이다.

의사소통에서는 이런 도구를 '2차적 매체'라고 부르고 있으며, 이야기를 주고받는

과정에서 차 매체가 하는 다양한 역할을 '차 매체의 기능'이라고 부른다. 매체 철학에서는 매체가 메시지 자체로 불리고 있을 정도로 중요성이 강조된다. 차를 나누다 보면 찻잔 속에 녹아 있는 감정들을 쉽게 꺼내는 이들이 있는 것을 보면 매체로서의 찻잔은 많은 역할과 기능을 하고 있는 것이 분명하다.

기본적으로 차 매체는 심신을 이완시키는 기능이 있다. 이것은 상담 및 심리치료의 첫 번째 덕목으로 이완이 이루어지면 마음을 열 준비가 되었다는 신호인 라포(친뢰감)가 형성된 것으로 치유의 반이 완성되었다고 볼 수 있다.

일반적으로 '차'와 함께하는 찻자리는 편안함이 보장된다. 특히 따뜻한 물이 끓고 있는 찻자리에 자리를 잡으면 어깨에서부터 묵직한 것이 내려가는 느낌과 함께 자연스럽게 이완이 된다. 그리고 무언가를 하다가 "차 한 잔 하고 싶다."라는 생각으로 맛있는 차 한 잔을 떠올리기만 해도 묵직한 스트레스의 기운이 어디론가 사라지게 된다. 이것은 차가 몸 적인 이완을 거쳐 마음의 휴식을 제공하고 있기 때문이다. 결국 차 매체는 우리에게 육체적 이완과 심리적 안정감을 준다고 할 수 있다.

다음으로 차 매체는 맘현상을 퍼 올리는 촉진기능을 한다. 이 기능을 마중물 기능이라고 하기도 한다. 마중물이란 펌프에 먼저 붓는 한 바가지 정도의 물을 말한다. 그 물을 통해 대기하고 있던 어마어마한 물이 길어 올려 지게 되는 것처럼 찻잔과 접촉하는 순간 마음 안쪽에 자리 잡고 있던 무수한 심리현상들이 자연스럽게 올라오기 시작한다. 또한 그릇의 색과 모양, 차의 종류와 색상 등에 따라 독특한 심리를 촉진하기까지 한다.

차명상상담에서 쓰는 대표적인 사자성어 중에 일기일회(一器一回)라는 표현이 있다. 이 표현을 듣고 많은 이들이 "어떻게 그릇이 마음을 돌릴 수 있습니까?"이렇게 질문을 하곤 한다. 답은 간단하다. "그것은 바로 마중물 기능이 있기 때문입니다."

세 번째로 차 매체는 내 몸을 거울처럼 비추는 반영기능을 한다. 이것은 근본적으로 차 매체와 몸이 둘이 아닌 특성에서 기인한다. 찻잔과 몸은 지수화풍 사대로 이루어졌으며 물은 움직임과 흔들림과 고요를 반복하는 마음의 상태와 다르지 않다. 또한 기물들의 모양과 색깔, 소리, 냄새, 맛, 촉감 등은 몸의 상태와 연동되고 찻물의 색상은 온갖 맘짓을 상징하며 몸에 변화를 일으킨다. 이와 같이 차 매체는 몸의 상태와 긴밀하게 연결된다.

찻잔을 가만히 쥐고 찻잔에 담긴 다양한 색채의 찻물을 바라보고 있으면 그 찻잔 속 찻물은 거울이 되어 그리움, 외로움, 기쁨 같은 느낌을 되비추기 시작한다. 찻잔 속의 차 빛깔이 내담자의 마음을 촉진시켜 그 효과로 자신의 상태를 내어 놓은 것이다. 찻잔의 떨림에 영상의 이지러짐이 발생하면 벌써 정서적인 변화가 시작되어 찻물로 투사된다. 얼굴 근육의 변화로 사뭇 달라진 표정이 찻물에 비치면 찻잔거울에 지금의 마음 상태가 오롯이 떠오르는 것이다. 이런 특징이 바로 반영이며 명료화라는 심리 치유적 기법과 연결된다. 또한 찻잔과 찻물에 투사된 몸과 마음에 일어난 현상을 제대로 '관찰 확인'할 수 있게 되면 많은 심인성 문제들을 해결할 수 있는 토대가 확보되는 것이므로 매우 중요한 기능이다.

특히 비춤 거울의 역할을 하는 찻물 품은 찻잔은 원형에 기반한 만다라 모양이다. 만다라(mandala)는 산스크리트어로 '완전한 세계, 또는 치유능력을 가진 원(圓)'이라는 뜻을 지니고 있다. 티벳의 경우 만다라는 하나의 수행과정으로 활용되고 있는데 둥근 원 안을 들여다보고 있으면 이상하게 우리의 마음이 투사되는 경험을 하게 된다. 그리고 그것을 표현하다 보면 자기치유의 경험과 동시에 자기 회복이 일어나게 된다.

차 매체 중 찻잔의 경우는 이완과 촉진 그리고 반영이라는 차 매체의 주요 기능 외에 '심리적 보호 기능'이 도드라진다. 물의 경우, 담기는 그릇에 따라 모양의 변형이 일어나는 유동성 경향으로 인해 마음속의 다양한 심리현상들을 나오게 하는데 반해 그릇의 경우는 같은 모습을 유지하는 견고함과 딱딱함이라는 특성으로 인해 '항상 같은 마음'을 담고 있을 것 같은 심리적 안정감을 제공하게 된다.

그 외에도 차 매체는 의사소통 확장 기능 등 다양한 순기능을 지니고 있다. 이러한 차 매체가 지진 매체적 기능을 활용하여, 차명상상담치유 방법론에 따라 치유라는 단계를 거치게 되면, 병리적 현상들(우울, 강박, 불안)이 없어지는 효과가 일어나게 된다. 이것이 우리 삶에 매직 즉 마법이 일어나게 되는 지점인 것이다.

제8장
선(禪)으로서의 명상

1. '명상'의 어원적 풀이

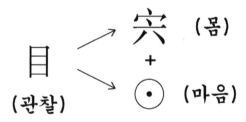

[그림 2-5] 瞑의 파자

● 명상에서 '명'은 관찰을 뜻한다. 몸과 마음을 눈으로 보는 것이다. 몸과 마음을 계속 관찰하게 되면 결국 제대로 보게 된다. '바로보기'를 통해 몸과 마음이 둘이 아니고 고정된 실체 없이 계속 변하는 존재임을 통찰하게 된다.

目 → 宀⊙六 + 想

(관찰)　　　몸 반응　　　맘 현상

[그림 2-6] 명상의 파자-1

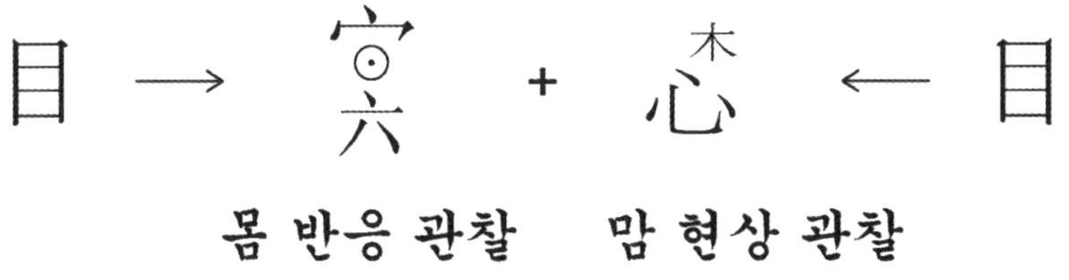

目 → 宀⊙六 + 木心 ← 目

몸 반응 관찰　　　맘 현상 관찰

[그림 2-7] 명상의 파자-2

명상의 '명'과 '상'을 함께 파자해 보아도 같은 결론이다. 결국은 보는 것이다. 관찰을 통해 각종 몸 반응과 맘 현상을 제대로 보는 것이다. 명상 즉 '관찰'을 계속하면 존재를 통찰해 실체를 제대로 파악하게 된다.

2. 명상의 의미

● 명상은 일차적으로 지금 여기(이곳)에서 자기를 바로(제대로) 보는 것을 말한다. 즉 명상의 대상은 지금(只今) 여기(此處)에 있는 '자기(自己)'다. 한 단어로 줄여서 표현한다면 '자기(自己)'이고 한 자로 표현한다면 '몸'이다. 다만 '지금과 여기'를 붙이는 이유는 자기 자신을 바로 보려면 '지금 여기'에 있는 자신을 제대로 보아야 하는데, 우리의 마음은 종종 '그 때 그 곳'에 가 있기 때문이다. 그리고 여기서 '바로 보는 것'이란 정견(正見)으로 보는 것을 말한다.

또한 명상은 자기 자신에 대한 바른 앎 즉 바른 이해를 통해 자신의 삶을 행복하게 사는 것이기도 하다. 바른 앎은 바른 알아차림과 바른 집중을 계속한 결과에 해당하고 바른 삶은 바른 의도와 바른 말과 행동을 기반으로 한다. 그리고 몸에 대한 바른 앎과 그를 통한 바른 삶은 끊임없는 바른 노력과 언제나 함께한다.

다시 한 번 정리하면, 명상은 일차적으로 지금 여기(이곳)에서 자기를 바로(제대로) 보는 것을 말한다. 명상의 대상은 지금(只今) 여기(此處)에 있는 '자기(自己)'이며 명상의 대상인 자기 자신에 대한 바른 앎 즉 바른 이해를 통해 자신의 삶을 행복하게 사는 것이기도 하다.

좀 더 세분화해보면 명상은 접촉, 심상현행, 표현으로 구조화된 삶의 방식을 보고 알고 다루는 일련의 방식이라고 할 수 있다.

[그림 2-8] 구조화된 삶의 방식 관찰 도식

3. 선(禪)과 명상

● 차명상상담에서 말하는 명상에 대한 정의는 '정념을 기반으로 한 선으로서의 명상'으로 규정하고 있다. 즉 차명상상담에서 정의된 명상의 중요한 핵심 내용은 "정념, 선, 명상"이라는 흐름으로 연결되어 있는 것이다. 따라서 정념, 선, 명상이라는 용어의 정의를 정확히 이해하고 있어야 한다.

선과 명상에 대한 용어 정의 내용을 살펴보면 禪을 크게 보거나 명상을 크게 보는 방식의 설명이 존재한다. 사실 명상(暝想)은 일본의 근대화 과정에서 탄생한 단어로 선(禪)에 대한 번역어가 아니라 서구의 'meditation'을 번역한 것이다. 선이라는 말은 산스크리트어 'dhyūna'와, 빨리어 'jhūna'에서 온 말로 중국에서는 빨리어 'jhūna'를 음사해서 '선나(禪那)'가 되었고, 현재는 '선나'에서 '나'가 탈락되어 禪만 남아 중국어 발음인 'chan'으로 읽히고 있다. 한자에 대한 동아시아 각 나라의 발음체계가 달라 한국에서는 선으로 일본에서는 젠으로 발음된다.

선(禪)에 대해 알기 위해선 선에 담긴 역사를 이해해 보는 것이 필요하다. 禪은 원래 '터를 닦다'는 의미로 사용되던 한자였으나 불교에 들어와서 불교만의 독특한 정의로 쓰이게 된다. 초기불교에서는 '쟈나티'라고 하여 '마음공부를 하다'라는 의미로 사용하게 된 용어이다. 그렇게 'jhāna'는 부처님 당시에 불교에 들어와서 쓰이다가 중국으로 건너와 대승불교가 꽃을 피우면서 '선정'이라는 말로 쓰이게 되었다. 이 글자 구성은 '선'이라는 용어에 '정(定)'이라는 의미적 내용을 덧붙인 것이다. 불교용어가 중국에서 번역되어 쓰일 때 하나의 용어를 어떤 때는 음으로 옮겨서 사용하고 또 어떤 경우는 의미로 옮겨서 사용했던 것이다. 이런 까닭으로 용어가 두 가지씩 혼재해 있다. 예를 들면 불교용어 중에 'Vipassana'는 '비파사나'라고 쓰기도 하고 '관법'이라고 의역해서 쓰기도 한다. 'Samatha' 역시 '사마타'나 '定'으로 옮겨 사용하고, 'Panna'는 '빤야'라고 하거나 '지혜'라고 쓴다. 이런 맥락에서 선의 어원인 빨리어 'jhāna'는 '선나(禪那)'로 옮겨 쓰거나 '정(定)'으로 옮겨 사용되었다. 중국에서 번역한 용어 중에 'Sati'의 경우는 음으로 번역하는 일 없이 바로 의미번역인 '정념(正念)'으로 사용한 예가 있기도 하다. 이것은 의미번역이 적절하게 그 본래의 뜻을 드러내고 있기 때문에 또 다른 번역 없이 쓰인 경우이다. 한국의 경우는 한자인 염(念)을 한글로 번역함에 있어서 많은 논란이 있었다. 염(念)을 '알아차림'으로 번역해야 한다거나 '마음챙김'이라고 해야 한다는 논쟁이 그것이다. 그 외에 '깨어있기', '마음새김' 등도 말이 있었으나 목소리가 크지 못했다. 그러나 사실 한글번역에서 쓰일 때 모두가 어떤 경우는 적절하고, 어떤 경우는 적절하지 않기 때문에 다툼을 할 필요는 없는 내용이다.

빨리어 원어인 'jhāna'를 중국에서 번역하면서 '선(禪)'이 되지만, 본래 선(禪)이란 한자의 의미는 '터를 닦다'였다. 뒤에 '마음의 터를 닦다'라는 의미로 전환되었다. 선(禪)이란 한문글자를 보더라도 재미난 구성임을 알 수 있다. 볼 시(示)자와 홑 단(單)자가 합쳐져서 만들어진 글자인데 홑 단(單)자의 모양은 두 눈을 형상화 한 듯하고 그래서 '둘을 하나로 보기', 또는 '둘 아니게 보기'라는 뜻도 되는 것이다. 선(禪)이라는 글자를 '우리 몸 안에 있는 빛나는 존재를 완벽하게 보기'라고 해석하는 곳도 있다. 한문은 글자 자체를 파자로 풀어 볼 수 있기 때문에 다양한 해석이 존재하는 것이다.

정리해보면 '터를 닦다'라는 의미를 지닌 선(禪)이란 글자를 'jhāna'를 음사한 '선나(禪那)'에 사용하다가 '나(那)'자를 뺀 '선(禪)'이란 글자로 사용된 이후에는 '마음의 터를 닦다'라는 의미로 통용된 것이다. 보태어 글자의 의미를 좀 더 부여하기 위해 정(定)이라는 글자를 덧붙여서 '선정(禪定)'이라고 다시 번역해서 사용하게 된 것임을 알 수 있다.

선정(禪定)이라는 용어는 선종(禪宗)이라는 종파에 들어와서는 그 의미가 기존의 의미와 다르게 새롭게 해석되어 사용된다. 〈육조단경〉에 의하면 선정은 "밖으로 모양을 떠남이 선(禪)이요, 안으로 어지럽지 않음이 정(定)이니라. ---중략--- 모양(상相)을 떠나는 것이 곧 선(禪)이요. 안으로 어지럽지 않은 것이 곧 정(定)이니 밖으로 선(禪)하고 안으로 정(定)함"을 의미한다.

이렇듯 선종에서 선(禪)의 의미는 초기불교의 선의 의미도 아니고, 대승불교에서 쓰던 선의 의미도 아닌 선종만의 독특한 의미를 내세우게 된다. 요가행파가 자신들의 정체성을 '요가를 수행하며 몸과 마음을 관찰하는 단체'라고 표명한 것처럼 선종에서는 '선을 수행하는 단체'라는 기치를 내세운 것이다. 여기서 선(禪)은 '직지인심(直旨印心)'이라 하여, 군더더기 없이 바로 부처님의 심법(心法 심법)을 가리킨다는 의미이다. 禪을 '부처님의 마음'에 바로 닿는 수행법이라고 적시한 것이다.

차명상상담에서 '정념을 기반으로 한 선(禪)으로서 명상'을 강조하는 이유는 '지금 이곳에서 내 몸과 마음을 제대로 알아차리는 방식'을 통해서 견성의 기초를 닦을 수 있기 때문이다. 심신관찰을 통해 무아를 체득하고 그 무아인 성품을 바로 보아서 내 본래성품을 회복하는 과정이 바로 '치유'이자 견성인 것이다.

여기에서 '알아차림'이라는 선의 요소와 '본래성의 회복'이라는 선의 효용은 선과 명상이 연결되는 중요한 지점이 된다. 장현갑에 의하면 명상의 어원은 원래 라틴어의 "치료하다"라는 'mederi'에서 온 것으로 'mederi'는 Measure(측정하다, 알아차리다)와 Medicine의 의미를 가지고 있으며 이를 토대로 명상은 "마음과 몸을 측정하여 비정상적인 것을 알아차려 원래의 온전한 상태로 되돌려놓으려 하는 것"으로 정의될 수 있다고 한다.

즉 명상과 선은 '관찰'을 활용한다는 측면과 '회복의 기제'라는 맥락에서 교집합이 되고 있으며 두 용어를 병용해서 사용하게 된 한 이유가 되는 것이다.

또 한 가지 선과 명상은 몸과 마음의 치유를 뜻하는 '힐링'의 역할을 하고 있다는 점도 중요 하다.

이를 종합해 보면, 명상은 '정념(지금 이곳에서 내 몸과 마음을 바로 아는 것)을 기반으로 마음의 성품을 제대로 보아(禪) 내 자신을 회복하고(선과 명상), 치유하는(선과 명상) 일련의 과정'이 되는 것이다. 이 모든 과정에서 정념이 없으면 선도 없는 것으로, 선은 정념을 필수 덕목으로 하고 있고, 선의 지향점은 '본래성 회복'으로서 명상의 의미인 '힐링, 치유'와 맥을 같이하고 있기 때문에 "정념을 기반으로 한 禪으로서의 명상"이라는 말이 성립되는 것이다.

제9장

이야기로서의 담

● '담'이란 이야기를 의미한다. 내 삶을 이끌어 가는 정보, 각본, 현재 대화를 '이야기'라고 한다.

정보, 각본, 현재 대화라는 '이야기'를 좀 더 세밀하게 살펴보면, 내 삶을 주도해 가는 정보이자 지금까지 내가 경험했던 모든 것인 '전체 경험ㆍ정보로서의 이야기'와 현재 내가 주도적으로 가지고 있는 언어습관, 행동습관, 생각, 감정, 욕구인 '핵심 각본으로서의 이야기', 그리고 '현재 사람들과 나누는 이야기'라는 세 가지 측면으로 나눌 수 있다.

차명상상담에서 사용되는 세 가지 이야기를 좀 더 구체적으로 표현하면 다음과 같다.

〈도표 2-9〉 談의 세 가지 종류

| 담(談) | 이야기 | Story(Being) | 전체의 나의 삶, 지금까지 경험한 모든 정보. |
| | | Tell (Narrative, Frame) (Doing) | Tell은 Poker-tell에서 유래를 찾을 수 있는 용어로 반복에 의해 구별 가능한 습관으로 정착된 몸과 말과 마음의 반응이나 현상을 일컫는 말이다. 수많은 이야기 중에 자신이 꽂혀있는 현상인(개성, 특성으로 다른 사람과 구분되는 이야기, 핵심각본)핵심 감정, 핵심 욕구, 핵심 사고를 Mental-tell이라 하고, 단순한 몸짓을 포함하여, 옷차림, 서있는 자세, 눈짓, 걸음걸이, 생김새, 땀, 홍조현상, 물건을 쥐는 방식 등 모든 몸의 습관을 Physical/Bodily-tell이라 하며, 사람의 성향이나 속마음을 드러내는 말투, 음성의 높낮이, 특정 용어 사용을 비롯한 언어적 습관을 Verbal-tell이라고 한다.

*Social-tell: 사회적 맥락 |

| | | ~ing
(Dialogue)
(Becoming) | '지금 여기'에서 현재 진행형, 현재 대화.
(관계 속에서 이루어지는 내용).
대화 상황에서 발생하는 질문의 경우 정답을 위한 質問과 상담을 위한 跋問(① 동일시를 촉진하는 발문, ② 카타르시스를 촉진하는 발문, ③ 통찰을 촉진하는 발문)과 법담을 위한 發問 등으로 나눌 수 있다. |
| 담(啖) | 먹거리(음식명상) | | |

'접촉' 즉 어떤 자극을 받아서 일어난 몸현상은 반복을 통해 습관이 된다. 습관이 되면 그 습관은 자신에게 '주도적인 이야기'가 된다. 습관이 되다보니 결국은 성격적 특성으로 굳어지게 된다. 반복된 경험이 습관이 되고, 이 습관이 성격이 되어버린 것이다. 이것이 맥락적 이야기의 내용이다.

이 이야기 중에서 지금까지 반복적으로 경험한 모든 체험들은 스토리(Story)라고 한다. 그래서 내 삶 자체를 'Story'라고 부르는 것이다. 두 번째로 이런 내 삶 자체인 Story 가운데 내 삶을 끌고 가는 핵심 줄거리를 일컬어 'Narrative' 즉 핵심각본으로 부른다. 다른 말로는 핵심 습관인 성격이다. 마지막으로 일상적으로 다른 사람들과 나누는 이야기는 'Dialogue'라고 한다.

우리가 어떤 매체(자극원)를 통해서 반복적으로 경험을 하다 보니 내 몸과 마음에 일어난 현상의 집합이 통틀어 Story(삶 자체)가 되지만, 이 모든 것을 사용하면서 사는 것은 아니고, 대부분은 저장식에 쌓아 놓고 다만 Narrative(극본, 주 핵심)만 꺼내서 사용하면서 살게 된다.

전술한 바와 같이 Narrative가 습관이고 성격인데 이것이 긍정적인 것이면 다행이지만 그렇지 않은 경우에는 문제가 발생하게 된다. 핵심각본이 부정적이기 때문에 인생의 흐름이 부정적 각본에 의해 좋지 않은 상황에 놓이게 된다. 이 부정적이고 좋지 않은 상황에 놓인 내담자를 위해 상담치유사가 등장한다. 상담치유사의 역할은 다름 아닌 '내담자의 핵심각본을 바꾸어 주는 일'을 하는 것이다.

삶 전체 내용인 '정보'전체를 바꾸기는 어렵지만 핵심각본(핵심습관)을 바꾸는 것은 상대적으로 쉬우며 핵심 각본만 바꾸어도 결국 스토리(자신의 삶 자체)가 바뀌게 된다. 쉽게 말해, 핵심습관으로 인한 훼손된 욕구, 부정적 감정, 고장난 사고(意) 그리고 이것을 바탕으로 드러나는 행동습관(身)과 언어습관(口)을 바꾸게 되면, 지금 당장 다른 사람들과 나누는 몸짓, 말짓이 달라지고 삶 자체가 바뀌게 되는 것이다.

이를 종합해서 정리해 보면 "Narrative를 수정하게 되면, 당장 Dialogue하는 태도가 달라지고, 결국 Story가 변하게 된다."라고 할 수 있다.

다시 언급해보면 담(이야기)의 종류를 보통 세 가지로 나누어 볼 수 있는데, 첫 번째는 삶 전체로서의 이야기인 Story, 두 번째는 자기 삶을 주도하는 핵심 각본으로서의 이야기인 Narrative, 마지막으로는 지금 현재 관계 속에서 이루어지고 있는 이야기인 Dialogue 등이다.

여기서 세 번째 Dialogue는 다시 3가지로 나눌 수 있다. 그 내용은 다음 표와 같다.

〈도표 2-10〉 'Dialogue'의 세 가지 종류

담(談)		
이야기	Story	삶 전체에 대한이야기
	Tell (Narrative, Frame)	개인의 핵심습관 (핵심감정, 핵심사고, 핵심욕구, 언어습관, 행동습관)

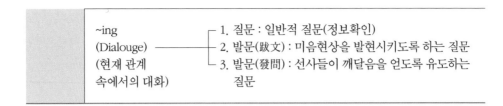

~ing
(Dialouge) ————
(현재 관계
속에서의 대화)

1. 질문 : 일반적 질문(정보확인)
2. 발문(跋文) : 마음현상을 발현시키도록 하는 질문
3. 발문(發問) : 선사들이 깨달음을 얻도록 유도하는 질문

Dialogue에 대한 3가지 구분 가운데 첫 번째는 이야기를 이어가기 위한 일반적인 질문이나 정보에 관한 질문이고, 두 번째에 해당하는 발문(跋問)은 일부러 궁금한 내용을 상대에게 던져주는 방식의 질문이다. 예를 들어, 어떤 영화를 보고 난 후 상대에게 '영화 주인공이 한 행동에 대해서 어떻게 생각해?' 그리고 '너라면 그 때 어떻게 했을 것 같아?'라고 질문을 던지는 것이다. 그렇게 되면 질문 받은 상대는 자신의 마음속에 일어난 마음현상들을 살펴보게 되고 이어서 자연스럽게 드러낼 수 있게 된다. 이 질문은 심리 내적인 문제를 드러나게 하는 상담을 위한 질문이 된다. 세 번째인 발문(發問)은 불교에서 사용되고 있는 용어이다. 예를 들면 일반 질문에서 "너는 누구냐?"라고 물었을 때는 태어나면서 불리게 된 이름을 말하면 되지만, 선사들이 깨달음을 얻게 하려고 던지는 '너는 누구냐?'라는 질문을 던졌을 때는 일반적인 답변이 통하지 않게 된다. 이것이 발문(發問), 즉 깨달음을 위한 질문이다.

지금 현재 실제의 관계 속에서 진행되는 이야기(Dialogue) 속에서 상담치유사가 이런 3가지 질문의 형식을 자유롭게 쓸 수 있다면, 풍성한 대화기법을 통한 치유 작업을 통해 내담자를 온전히 기능하고 살아갈 수 있도록 도와줄 수 있게 된다.

따라서 상담치유사는 Dialogue Meditation이라고 불리는 Dialogue(대화·문답)하는 기법을 익혀야만 된다. 상담 중에 내담자의 상태를 정확히 알아차리게 하고, 그 알아차린 내용을 분명하게 집어내어 치유를 촉진하고, 온전한 존재로서 일상에서 기능할 수 있도록 기여하는 발문은 적절히 훈련이 되어야만 효과적으로 사용 가능하기 때문이다. '축어록'을 쓰는 이유 또한 이러한 기법을 익히기 위한 방법

가운데 하나에 속한다.

이와 같은 다양한 질문법을 학습하는 훈련의 과정을 통해 상담치유사가 되면 내담자에게 던지는 질문이 이전과 달라진다. 상담치유사는 자심통(自心通)이 바로 타심통(他心通)임을 이해하게 되고, 다시 말해 "치유가 일어나는 발문을 던지려면 나를 알고, 상대를 알아야만 가능해진다."는 사실을 자각하게 되어, 자심통을 기반으로 타심통의 공감 능력을 통해 다른 사람의 마음에 파문(심리현상을 일으킴)이 일어나도록 질문을 던질 수 있게 되는 것이다. 예를 들어 축어록을 쓰는 과정에서도 상담치유사 자신이 그 질문을 던진 이유를 알고, 어떤 종류의 질문인지 구분이 된다. 다시 말해 계속적인 알아차림 가운데 질문이 이루어지고 상대의 답변을 알아차리면서 들을 수 있게 된다. 가령, 내담자에게 "세상이 내 뜻대로 변해 어떤 변화가 일어났다면 무엇이 조금 달라졌을까요?'라는 기적 질문을 던졌을 때 그 질문을 하는 이유가 '내가 상담의 목표를 설정하기 위해 질문을 했구나.'라고 알아차리면서 상담을 진행할 수 있게 되는 것이다.

Dialogue(대화 · 문답 · 대담)에서는 질문이 아닌 적절한 발문이 되어야 하는데 '동감(同感)'이 되어 내담자에게 경계(전이)가 일어나게 되면 필요 없는 자기노출이 발생하게 된다. 반대로 단순한 질문이 아닌 적절한 발문으로 이야기(談)가 잘 이루어지게 되면, 그 효과로 내담자가 행복해져서 마음이 웃게(笑)된다. 이것은 바로 차명상상담치유에서 말하는 담소(談笑)인 것이다.

상담치유사는 내담자에게 '동감'이 아닌 '공감(共感)'이라는 상담 기법을 가지고 대화를 이끌 수 있어야 한다. 그래야만 상담에서 길을 잃지 않고, 내담자를 정서적 해소과정을 거쳐, 웃게 할 수 있는 것이다.(담소내비의 기능)

담(이야기)의 종류를 목적과 대상을 고려하여 나눌 수도 있다. 먼저 '정담'의 경우는 일반인들 사이에서 주로 교류의 목적으로 상대방과 정답게 주고받는 이야기를 말한다. 다음으로 '상담'의 경우는 "내담자와 상담자 사이에서 주로 이루어지고 있으며 도움을 필요로 하는 내담자가 전문적인 훈련을 받은 사람의 도움 속에서 생활과제의 해결과 사고 행동 및 감정 측면의 인간적 성장을 위해 노력하는 학습과정"(이장호(1992)) 속에서 주고받는 이야기이다. 마지막으로 '법담'은 수행자와 수행자 또는 수행자와 선지식 간에 주로 이루어지며 불법과 수행에 대한 의혹을 해소하는 과정에서 주고받는 이야기를 의미한다.

제3부

차명상상담의 영역

차명상상담의 하위영역은 선차로서의 차명상, 대화명상으로서의 담선, 진단·평가로서의 품차, 행동수정으로서의 행다례, 그리고 차매체명상상담으로서의 차담으로 구성되어 있다.

아래의 표는 차명상상담의 하위영역을 표로 정리한 것이다.

〈표 3-1〉 차명상상담의 하위영역

구분	하위영역	내용
5	여여(如如)의 차명상 그리고 즉여(即如)의 선차 및 명상차	선차의 역사, 목적, 그리고 선차의 종류와 기법들. 선차 학습을 통한 차 생활 전반에 걸친 명상 적용의 사례 확인하기
6	대화명상으로서의 담선	선 이야기로서의 담선과, 명상적 대화로서의 담선 그리고 인터뷰 및 선문답으로서의 담선에 대해 다루기
7	진단·평가로서의 품차(品茶) 및 품차명상	진단으로서의 '품', 평가로서의 '평'
8	행동수정으로서의 행다례	심신 통합적 행다의 의미와 의례용 차례 및 치유용 차례
9	차매체 명상상담(차담명상)으로서의 차담	정담적 차담, 상담적 차담, 법담적 차담

제10장

차명상

1. 차명상 일반론

● 선원에서 수행자들이 수시로 차를 음용하기 시작하면서 차와 선은 불가분의 관계를 맺기 시작한다. 특히 차는 좌선 수행을 할 때 졸음을 물리치는데 효과가 있어 더욱 선호되었다. 그 이후 차회를 열어 차를 나누는 행위가 선원청규에 내규로 등장하고 하나의 의례로 규범화되기에 이른다. 또한 차는 단순히 수행의 보조 도구에서 한 발 더 나아가 수행의 도우미이자 수행의 경지를 드러내는 매체로 쓰이게 된다.

이런 역사적 배경으로 인해 차와 명상을 결합한 다양한 용어가 등장한다. 몇 가지 의미 있는 용어를 살펴보고자 한다.

먼저 '차선(茶禪)'은 송나라 때에 원오ㆍ극근 선사에 의해 쓰인 용어로 알려져 있다. 선사는 20여 년간 협산사 주지로 있으면서 '차(茶)와 선(禪)의 관계'에 대하여 '차선일미(茶禪一味)'라는 네 글자로 명확히 정리했다고 한다. 〈벽암록〉을 통해 조주의 끽다거 등을 공안으로 사용하는 등, 茶와 禪이 둘이 아님을 통해 '茶禪不二'라는 새로운 차원의 선풍을 크게 일으켰다고 한다.

다음으로 '선차(禪茶)'는 자쿠안 소다쿠(寂庵宗澤)스님이 문정11(1828)년에 발간한 〈선차록〉에 보이는 용어이다. 임제종 기반의 '차사 중 으뜸인 선차'라는 표현에 보이듯 차생활의 으뜸을 '선(禪)' 즉 '명상'이라고 선언하고 있다.

다음으로 '명선(茗禪)'은 추사가 초의선사에게 보낸 글에 등장한다. '명선'이라는 글씨의 협서는 "초의가 직접 만든 차를 부쳐왔는데, (그 차의 품질이 중국의 전설적 명차) 몽정과 노아에 비견해도 부족함이 없었다. (이에 초의의 차 선물에) 보답하고자 이 글을 '백석신군비'의 필의를 빌려 쓰노라. 병중의 거사가 예서로 쓰다." 라고 해석할 수 있다.

이성헌은 〈추사코드〉에서 "추사는 왜 '다선(茶禪)'이란 일반적인 표현 대신 '명선(茗禪)'이라 했을까, 라는 질문과 추사는 왜 '초의草衣라 쓰지 않고 '艸衣'라 쓴 것일까, 라는 질문"을 던진다. 그리고 다음과 같이 답을 한다. "어떤 공통점이 발견되지 않는가? '명茗'은 '차茶'의 새싹이고 '초艸'는 '초草'의 새싹이니 모두 "새로 돋아난" 다시 말해 "새로운 시작"이란 의미를 담아내기 위해 '차茶'와 '초草'가 아니라 '명茗'과 '초艸'가 필요했던 것 아닐까? 추사는 '차나무에 새로 돋아난 새싹'처럼 초의선사가 '새로운 방식의 선禪 운동을 펼치는[2]' 선차운동의 대가라는 점을 강조하기 위해 '명선'이라고 명명한 것으로 보인다."라고.

위의 용어들은 지금도 쓰이고 있는 용어들이다. 차명상이라는 용어는 위의 용어들과 관련지어 정의하기도 하고 다른 한편으로는 명상법의 확대와 연관 지어 설명하기도 한다. 즉 차명상을 명상의 현대화 과정에서 탄생한 새로운 명상운동의 한 갈래인 통합형 명상법의 한 종류로 보는 것이다.

현재 차명상이라는 용어는 차를 활용한 기존의 명상법인 차선, 선차, 명선 등에 보태어 현대적인 명상 프로그램까지 포괄하는 의미로 쓰이고 있다. 차명상상담의 하위영역으로서의 차명상은 직지견성을 위한 방법론에 보태어, 〈선차록〉에 나타난 '선차(禪茶)'를 기초로 매체 이론, 인지학, 과학적 명상법, 그리고 심리치료 기법 등이 병합된 현대적 차명상 분야이다.

---

2) 이성헌, 추사코드:서화에 숨겨둔 조선 정치인의 속마음, p.192

2. 선차록

● 정순일 등은 〈선차록(禪茶錄)〉을 번역하면서
본문을 다음과 같은 내용으로 10장으로 나누었다.[3]

① 차사(茶事)는 선도(禪道)가 으뜸(宗)

② 차사(茶事)는 수행(修行)

③ 차의(茶意)

④ 선차기(禪茶器)

⑤ 와비(侘)

⑥ 차사(茶事)의 변화(變化)

⑦ 스키(數奇)

⑧ 로지(露地) 片野

⑨ 체용(體用)

⑩ 무빈주(無賓主)의 차사(茶事)

이를 다시 몇 가지 주제로 재구조화 하면 다음과 같다.

〈표 3-2〉 〈선차록〉 재구조화 도표

주제	내용
선수행으로서의 차사	① 차사(茶事)는 선도(禪道)가 으뜸(宗) ② 차사(茶事)는 수행(修行) ③ 차의(茶意)
선차의 사상	⑤ 와비(侘) ⑦ 스키(數奇) ⑨ 체용(體用)

---

3) 정순일 등(2015), 선차록, 한국 예다학 창간호. "원문의 구성은 소주제에 따른 일련번호가 정렬되어 있지 않으나 편의상 아래와 같이 일련번호를 부여하여 정리하였다."

차 매체론	④ 선차기(禪茶器)
선차 효과론(개인과 관계)	⑥ 차사 ⑧ 로지(露地) 片野(茶事)의 변화(變化) ⑩ 무빈주(無賓主)의 차사(茶事)

3. 차 매체론

1) 그릇 이론

● 〈선차록〉에서 매체로서의 찻잔을 '선차기(禪茶器)'라고 부르며, "선차(禪茶)의 기물(器物)은 미기(美器)가 아니고 진기(珍器)도 아니며 보기(寶器)도 아니고 구기(舊器)도 아니다. 원허청정(圓虛清淨)한 일심(一心)을 그릇으로 삼는 것이다. 이 일심(一心)청정(淸淨)을 그릇으로 삼는 것이 선기(禪機)의 차(茶)이다."라고 표현하고 있다. 찻잔을 마음으로 보는 '마음 잔 이론'이다.

또 하나의 이론은 '한 잔 한 맘' 또는 '한 맘 잔'으로 표현되는 '맘 잔 이론'이다. 6근과 6경이 만나 이루어진 맘잔 그릇은 '근경식 잔'이라고 부르고, 소통된 맘은 '육신통 잔'이라고 부른다. 소통을 의미하는 '육신통 잔'은 회기인연을 통해 회복된 마음 즉 회심(回心)[5]을 나타낸 것이다. 이를 차명상상담에서는 이를 '일기일회(一器一回)'라고 명명한다.

---

4) '선차기'는 '명상찻잔' 또는 '명상 잔'으로 번역할 수 있다.
5) 회심(廻心) 또한 같은 의미이다.

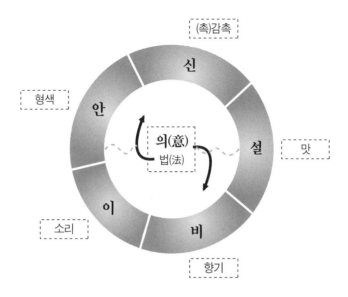

[그림 3-3] 근경식 잔 도식

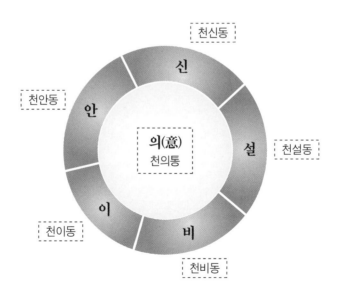

[그림 3-4] 육신통 잔 도식

또한 잔은 사람의 인체와 마찬가지로 지수화풍공 5대(大)로 해체하여 볼 수 있다. 아래는 잔을 5대로 보는 그림이다.

[그림 3-5] 5대로서의 잔

2) 1차 매체와 2차 매체

● 매체란 단수로는 medium이고, 복수로는 media이다. 이 단어의 어원은 고대 라틴어의 Medius에서 유래되었으며, 그 뜻은 '무엇과 무엇의 사이'이다. 즉, 매체란 무엇과 무엇의 사이를 관계하거나 연결하는 매개의 의미를 담고 있다.

'무엇과 무엇 사이'는 보통 세 가지 사이를 의미한다. 첫째 몸과 마음 사이, 둘째 사람과 사람 사이 그리고 셋째 인간과 환경 사이가 그것이다.

예를 들어 몸과 마음 사이에 서로 괴리감이 있고, 부조화되어 있다면, 이 둘 사이에 어떤 것이 있어서 몸과 마음 사이를 연결하는 역할을 하게 되어 부조화를 조화롭게 하는 것이 매체의 기능이 되는 것이다. 사람과 사람 사이에 '어떤 것(매체)'이 있어서 두 사람을 소통하게 하는 것이 또한 매체의 기능이 되며, 마찬가지로 인간과 환경 사이에서도 어떤 것이 있어서 인간과 환경 간에 소통이 일어나게 되면 이 역시 매체의 기능이 되는 것이다. 매체를 잘 활용해서 소통을 가능하게 하는 긍정적 요소들이 있는데, 이 모든 것을 매체의 기능이라 말한다.

매체는 몸과 마음이라는 1차 매체와 삼라만상 두두물물(森羅萬象 頭頭物物)로 대별되는 2차 매체로 나눌 수 있다.

1차 매체의 경우는 외부의 정보와 접촉하는 외부 감각이 1차 수용매체가 되고, 내부의 정보와 접촉하는 내부감각은 2차 수용매체가 된다. 오근은 '감각 기관매체(수용매체, 지각매체)'이고, 오경은 '감각 대상매체'라고 말할 수 있다. 사람과 사람 사이에 매체가 있는데 나에게 붙어있는 매체는 오감각 기관매체가 되고, 이 오감각 기관매체에 수용되는 것이 오감각 대상매체가 되는 것이다.

2차 매체로는 그릇, 꽃 등 주변의 모든 것이 쓰일 수 있다.

1차 매체와 2차 매체의 소통을 통해 마음을 교류하는 현장은 〈무문관〉 6칙에 나오고 있다.

세존염화(무문관 6칙)

"옛날 세존이 영산회상(靈山會上)에서 꽃을 들어 대중에게 보이니,
　모두 잠잠히 말이 없었으나 가섭(迦葉) 존자 만이 빙긋 미소 지었다."

2차 매체인 '한 송이 꽃'으로 마음을 표현하자 1차 매체인 '미소'로 화답하는 장면이다. 1차 매체인 몸을 사용하든 2차 매체인 사물을 사용하든 여기에서 핵심은

소통이다. 차 매체를 통해 '메시지'를 전하고 그 메시지로 상대의 마음을 '마사지'하여 몸과 마음과 관계의 변화라는 '매직'을 불러일으킬 수 있다.

4. 효과론

• 차사를 행하면 변화 즉 효과가 나타난다. '茶事를 행하면서 많은 정신적 경계와 장애를 겪게 되며 또한 그러한 경계와 장애를 뛰어 넘음으로써 자유로운 경지를 체험하기도 한다. 이는 마치 선수행을 하면서 맞게 되는 정신적 번뇌와 장애, 그리고 그것을 소멸시킴으로써 체득하게 되는 해탈의 경지에 비유될 수 있다.'[6]

차명상 프로그램의 경우에는 심리적 위험요인을 감소하게 하고 심리적 보호요인을 증가시키는 효과를 목표로 하고 있다.

5. 본지(本地) 표현론

• 핵심은 淸淨無垢의 마음이 다름 아닌 露地라는 것이다. 宗旦은 차선동일미〈茶禪同一味〉에서 로지(露地)를 '자성(自性)을 로(露)한다'라고 하였다. 여기에서 지(地)는 마음을 직지하고 있는데 자기의 본 성품을 나타내고 있다. 여기에서 등장하는 본지(本地)를 조금 더 정확하게 나누어 보면 아래와 같다.

---

6) 송상숙(2010), 일본 다서에 나타난 불교사상 – 〈선차록〉을 중심으로. p.60

<표 3-6> 본지와 로의 의미 도표

본(本)=무(無)	지(地)	
본성, 불성, 성품	4선, 4처, 계(階), 위(位), 지	로(露)=표현
텅빈 각성(空寂靈知)	선정	

〈선차록〉에서는 '로지를 도량'이라고 한 의미를 〈摩訶止觀〉의 '道場則淸淨境界'와, 〈維摩經〉의 '直心이 道場이다'에서 찾고 있다. 실제로 로지는 전통적으로는 차실의 정원으로 형상화되었고 현재는 만다라 찻자리 그리고 심우 만다라로 외현화되고 있다.

6. 차명상으로서의 선차 프로그램

● 차명상상담의 하위 영역인 차명상 프로그램의 뒤에는 선차라는 명칭을 사용하고 있다. 대표적인 프로그램으로는 오감선차(오관선차), 12감 선차, 그리고 감각 통합 선차, 사마타 선차, 위빠사나 선차, 마하 선차, 짓기 선차, 육신통 선차, 육방통 선차 등이 있다.

7. 명상적 차 생활로서의 명상차

● 차명상의 다음 요소는 명상적 차 생활로서의 명상차이다. 명칭에 내포된 의미처럼 차와 관련한 모든 생활을 명상적으로 하는 것을 말한다. 여기에서 '명상적'이라는 의미는 '〈대념처경〉의 네 가지 마음챙김의 요소인 신수심법(身受心法)을 활용한'이라는 뜻이다. 다시 말해 차명상상담에서의 명상적

차 생활이란 신수심법을 활용한 차 생활을 의미한다. 차 생활 속에서 일어나는 몸의 상태(身), 몸에 일어난 현상(受), 마음의 상태(心), 그리고 마음에 일어난 현상(法)을 매 순간 알아차림 하겠다는 것이다. 여기에서 한 가지 유의할 점은 네 가지 요소 중 수(受)는 몸에 일어난 감각적 느낌과 마음에 일어난 감정적 느낌을 모두 포괄하고 있다는 점이다. 이유는 감각과 감정이 상호작용을 하기 때문이다. 몸에 일어난 현상을 감각적 느낌(受)이라고 하는데 이 감각적 느낌은 반드시 감정적 느낌을 동반한다.

1) 몸의 관점

● 인간의 몸을 나누어 보면 몸의 구조와 기능이 있고 마음에도 구조와 기능 있다. 마음에는 구조와 기능이 함께 포함되는 것이지만 나누어 보면, 마음의 기능이란 마음에 일어나는 현상을 아는 것을 의미한다. 그래서 몸과 마음의 구조를 나누어서 볼 수 있는 것이다. 이때 몸과 마음에서 일어난 모든 현상들에 대해서 수(受)라고 하고, 법(法)이라고 부른다. 신수심법으로 나누어 놓기는 했지만 결국은 몸과 마음이 둘이 아니기 때문에 수(감각적 느낌에서 출발해서 감정적 느낌이 일어남)는 법에 포함될 수밖에 없다.

몸의 관점은 기본적으로 '불이(不二)'를 기반으로 하고 있다. '不二'여야 '하나'도 아니고 '둘'도 아닌 , 그리고 '하나'이면서 '둘'이기도 한 '몸'의 특성을 제대로 반영할 수 있다. '신수심법'으로 나누어 보면 '하나'의 역동적 기능들을 이해할 수 있고 '하나'의 관점에 집착하지 않을 수 있다.

몸을 낱낱이 분석을 해서 보면 하나로 독립된 자아라는 것이 없어서, 고정된 실체가 따로 있지 않음을 알게 된다. 그래서 고정된 실체가 없기 때문에 분리가 가능하고, 이 모든 것들이 합쳐져서 이루어졌구나 하는 연기적인, 통합적인 관찰로 오게 된다. 아주 기술적인 관찰법을 사용하고 있는 것이다. 차명상상담에서는 이런 방식으로 명상적 차 생활을 하다가 결국은 통합적 관찰로 가서, 나중에는 자기도 모르는 사이에 법의 실체에 접근하게 되어 일상적 삶을 명상적인 삶으로 누리고 살게 되도록 훈련시키고 있다.

2) 사념처와 차

• '신수심법'사념처를 활용한 차생활을 명상적 차생활이라고 먼저 정의했다. 차 생활을 하면서 몸은 어떤지(신), 느낌은 어떤지(몸에서 일어나는 현상, 수), 마음의 상태는 어떤지(마음이 무엇인가로 물들어 있는 상태, 심), 마음에서 일어나고 있는 현상(법)들은 어떤지를 관찰하는 것이다.

사념처 중 첫 번째는 바로 '몸'이다. 몸의 구조와 기능에 유념하면서 차 생활을 하면 자연스럽게 차를 우리거나 내거나, 차 자리를 거두는 일련의 모든 상황에서 자신의 몸을 관찰하게 된다. 차와 관련한 모든 움직임이 몸(身)을 쓰는 몸짓이다. 예를 들어 자판기에서 차 한 잔을 뽑으려고 하더라도 돈을 꺼내는 몸짓, 동전을 넣어 누르는 몸짓 등을 사용해야 한다. 차 밭에 가고, 차를 덖고, 차를 마시는 일 등 광범위한 차생활 속에서 자기의 현존을 확인할 수 있는 몸짓과 몸의 상태에 대한 이해는 몸의 기능의 활용범위를 결정하기에 중요한 것이다.

사념처 중 두 번째는 수념처로, 차를 우리고 마실 때 색깔과 소리, 향기, 맛, 감촉 등과의 접촉에 따른 감각적 변화와, 이를 통한 정서적 변화를 말한다. 예를 들어 차의 색, 차 따르는 소리(차 관련한 소리들이 있음), 차의 향기, 갖가지 차 맛, 차의 온도 등이 몸의 5감각(안이비설신)을 자극하면 감각적 느낌으로서의 수(受)가 된다. 이 때 발생한 감각적 느낌은 감정적 느낌을 일으켜 동반하게 된다.

세 번째 요소인 '마음'은 마음현상으로 인해 마음이 지금 가라앉았거나 굉장히 들떴거나 하는 현재의 상태를 의미한다. 〈대념처경〉에서는 알아차려야 하는 마음의 상태를 16가지로 정리하고 있다. 차생활을 하면서 "마음에 탐심이 일어나면

'이것이 탐심이구나' 라고 알고'"탐심을 버리면 버린 줄"알면 되는 것이다. 또한 "성내는 마음, 어리석은 마음, 뒤바뀐 마음, 넓은 마음, 좁은 마음, 고요한 마음, 산란한 마음, 해탈한 마음, 해탈하지 못한 마음을 스스로 낱낱이 안팎으로 살피고, 그 마음이 일어나는 것과 사라지는 것을 관(觀)하여 눈앞에 대하듯 하면 세상의 어떤 집착이라도 놓아 버리게 된다."이렇게 마음의 상태를 관찰하면서 차생활을 하면 되는 것이다.

'법'은 명상 중에 일어나는 각종 몸과 마음의 현상들을 말한다. 차생활 속에서 마음에 "탐욕이 있으면 있는 줄 알고 없으면 없는 줄 알며, 또 탐욕이 일어나지 않았으면 일어나지 않은 것으로 관하고, 일어났을 때에는 일어난 것으로 관하며, 이미 없어진 것은 앞으로도 일어나지 않을 것으로"관찰하면 된다. 또한 "성내는 마음, 졸음, 산란한 마음, 의혹 등"을 포함한 각종 심리현상을 "안팎으로 관하고 일어나고 사라지는 것을 관하여, 그것이 뚜렷하게 눈앞에"[7] 드러나도록 하면 그것이 바로 바람직한 명상적 차생활인 것이다.

3) 일상적 적용

● 명상적 차 생활이란 넓게는 차의 발화·유통·소비의 전 단계로 부터 좁게는 찻자리를 준비해서 차를 우리고 차를 마시고 찻자리를 정리하는 모든 순간을 명상적으로 하는 것이다.

일상적 찻자리 만으로 한정을 지어 말한다면, 차를 준비하는 단계에서는 같이 앉고, 끓는 소리를 듣고, 자신의 마음상태를 확인하고, 마음에 어떤 생각들이 올라왔는지, 이완여부를 포함하여, 몸에 어떤 현상들이 벌어지고, 마음의 상태는 편안한 지 등의 여부를 관찰하는 것이다.

---

7) 〈대념처경〉 본문에 나오는 내용을 인용한 것이다.

차를 우리는 단계에서도 차를 넣고, 차의 변형을 보고, 그리고 차를 따르면서 내마음에 일어나는 느낌의 변화라든가, 마음이 무엇으로 물들어 있는지, 어떤 현상이 일어나는지 등 계속적인 관찰을 한다.

차를 마시는 단계에서도 찻잔을 드는 순간의 느낌, 마시면서 일어나는 느낌, 다양한 향기로 인한 심적 변화, 때론 행복감이 올라와 마음이 행복으로 물들어 있거나 특히 차를 마시면서 일어나는 여러 가지 생각들이나 현상들을 관찰할 수 있다. 이것이 바로 명상적인 차 생활이다.

찻자리를 정리하는 단계에서도 자리 정리를 위해서 기물을 다루면서 드는 느낌, 찻자리를 통한 얻은 행복감, 또는 접는 아쉬움, 등 이러한 것들이 일어나는 일련의 과정들 속에서 염정혜로 스스로가 알아차리면 명상적 차 생활이 된다.

여기에 보태어 일상생활에서 명상적 차 생활이 가능할 수 있도록 찻잔 모양의 단주나 핸드폰 고리, 열쇠 고리 같은 것을 만들어 시간이 나면 만지고 보면서 알아차림 할 수 있는 방법을 고안할 필요도 있다. 이 방법은 형태와 색상을 통한 '연상'을 활용하는 것이다. 형태와 색상을 보면 구체적 연상과 추상적 연상을 하게 된다. 마들렌과 홍차를 통해 기억을 불러일으킨 장면이 바로 '연상작용'이다. 이 작용 때문에 찻잔모양을 보기만 해도 이완이 될 수 있다. 예를 들어 찻자리에 대한 좋은 기억을 가진 사람이라면 그때 사용된 기물들에 대해서도 같은 느낌을 가진다. 그런 이들에게 찻잔은 좋은 느낌을 연상하게 하는 매개체가 되는 것이다. 이를 활용하면 찻잔을 만져 이완 효과를 내게 하는 것도 가능해지고 불안을 감소시킬 수도 있다. 이러한 기법을 사용하는 것도 명상적 차 생활이라 할 수 있다.

이렇게 되면 24시간 중에 내가 필요한 시간에 차 생활을 할 수 있게 된다. 차 생활이라는 것이 꼭 내가 차를 마셔야 차 생활인 것이 아니라 찻잔을 한번 보는 것만으로도 차 생활이 되는 것이다. 소지하기 어려운 큰 찻잔 대신 가지고 다닐 수 있는 매체인 펜던트 형식(단주, 핸드폰 고리, 열쇠고리 등)으로 만들면 항상 휴대가 가능하고 보는 것만으로도 이완 기능이 있으니 언제라도 명상적 차 생활이 가능해 진다. 즉 차명상상담의 명상적 차 생활이 24시간, 365일 가능하게 되는 셈이다. 결국 이런 방식이야말로 진정한 명상차의 일상화라 할 수 있겠다.

제11장
담선(談禪, 대화명상)

● 차명상상담의 다음 영역은 '대화명상'으로서 의 담선(談禪)'이다. 앞서 차명상에서 말하는 명상에 대한 정의를 "정념을 기반으로 마음의 성품을 제대로 보아(禪) 내 자신을 회복하고(선과 명상), 치유하는(선과 명상) 일 련의 과정'이라고 했다. 선과 명상에 대한 이와 같은 이해가 선행된 '알아차림 기반의 명상적 대화'가 바로 '담선'이다.

1. 담선으로서의 대화명상

● 원래 담선은 "선종에서 선사의 공부를 시험 하기 위해 스승과 제자들이 행한 선문답과 선과 관련된 어록을 나누어 보는 전통을 모두 포함하는 용어"이다. 조사선에서 스승과 제자 사이에 이루어지던 선문답을 우 리나라에서는 '법거량'이라고 부르기도 한다. 조사선에서는 선문답을 통해 제자는 자신의 경계를 드러내고 스승은 그런 제자를 위해 상황에 적절한 선문답으로 약 처

방을 내린다. 선지식은 말·행동·소리 등 다양한 매체를 사용하여 마음의 병을 앓고 있는 수행자를 치유한다.

현재 담선(談禪)의 의미는 크게 세 가지로 나누어 볼 수 있다. 첫 번째는 선에 대한 이야기로서의 담선, 두 번째는 선적 경험을 대화로 풀어내는 것, 그리고 세 번째는 '명상적 대화(대화명상) 로서의 담선'이다.

첫 번째, '선에 대한 이야기'로서의 담선은 선(禪)을 이야기하는 것이다. 예를 들면 '담선법회'라는 제목으로 '어록특강'을 하는 경우가 여기에 해당된다. 두 번째, 선적 경험을 대화로 풀어내는 것은 '선문답'을 말하는 것으로 '법거량'을 통해 서로의 경험을 확인하는 것이다. 세 번째는 명상적 대화(대화명상)로서의 담선으로 몸과 마음의 변화를 순간순간 알아차리면서 대화하는 것이다.

명상적 대화는 상담에서 사용되고 있는 반영, 명료화 등의 다양한 대화기법들을 기본으로 하고 있다. 이런 기법들을 기반으로 찻자리에서 명상적 대화를 하게 되면 그 자리는 자연스럽게 차 상담이 이루어지는 대화명상 중심의 차담자리로 바뀌게 된다. 대화명상을 기반으로 상담이 이루어질 때 '상대를 알아차리고 집중하고 통찰하는 방식'이 반복적으로 이루어지고 결국에는 효과적인 치유가 가능해지기 때문에 명상적 대화로서의 담선이 필요한 것이다. 또한 명상적 대화로서의 담선을 하다보면 내 안에 일어난 각종 이야기들을 내가 알아차리게 되고(관찰을 통해 구별가능), 나의 이야기 중에서 취사선택이 가능해지고, 그것을 적절하게 표현할 수 있게 된다.

다시 말해, 내가 무슨 이야기를 하고 있는지 알아차리고, 상대방이 하는 이야기를 내가 적절하게 듣고 있는지 관찰이 되면 명상적 대화로서의 담선이라 할 수 있다. 즉 상대방이 무슨 이야기를 하는 지와 내가 그것에 대해서 어떤 반응(reaction)을 보이는 지에 대한 전 과정 및 대화상황을 명상적으로 관찰하고 있을 때 '명상적 대화(meditative dialogue)'가 되는 것이다. 이 말은 대화가 벌어지고 있는 상황을 자기 자신이 염정혜로서 계속 관찰하면서, 상황에 맞추어 적절하게 반응을 하고 있어야 한다는 의미이다. 따라서 명상적 대화를 하게 되면 그 속에서 다양한 기법들이 구별·선택되고 있음을 알게 된다. 예를 들어 문답만 하더라도 일반적 질문인지, 발문인지, 아니면 선문답의 발문인지가 구분이 가능해야 명상적 대화가 된다. 또한 기법으로 정담용 질문이나 법담용 질문, 상담용 질문 등 어떤 것을 사용하는 것이 상황에 적절한 지 결정된다. 결국 이런 과정들을 통해 자기 개방의 영역과 자기 이해의 지평이 넓어지게 되는 것이다.

예를 들어 상담용 대화를 하는 경우를 가정해 보자. 이 대화가 바른 알아차림(정념)을 기반으로 되어 있으면 명상적 대화를 바탕으로 한 상담용 대화가 된다. 상담용 대화에서 배우고 학습한 것만 적용하는 것과 '바른 알아차림'을 기본으로 상담용 대화를 계속 진행하는 것과는 치유 효과 측면에서 큰 차이가 있다.

2. 대화명상의 필요성

　　　　　　● 명상을 잘못하게 되면 웰우드가 지적한 바와 같이 '영적우회'[8]를 통해 오히려 자신을 감추는 일이 벌어진다. 명상수행을 통해 자신 안에 있는 많은 현상들을 확인했다고 주장해도, 그것이 겉으로 드러나는 것을 꺼리게 되면 폐쇄성의 증가와 동시에 틀 속에 갇힌 상태이다. 예를 들어 나름 명상했다고 하는 사람이 표현을 했을 때, 상대방과의 대화 속에서 계속 충돌이 일어나고 대화상황이 불분명하게 진행된다면 이것은 명상을 하다가 오히려

---

8) 웰우드, 깨달음의 심리학, p38에 보면 영적우회의 현상과 문제점에 대한 설명이 나온다.

해로움을 낳은 결과를 보여주는 경우이다.

대화명상이 아닌 명상만 해서 폐단이 벌어지는 경우는 행 · 주 · 좌 · 와 · 어 · 묵 · 동 · 정의 수행에서 '동 · 정'만 되고, '행 · 주 · 좌 · 와 · 어 · 묵'은 되지 못한 경우이다. 그래서 의식(동 · 정)은 깨어있다고 하지만 말(어 · 묵)과 행동(행 · 주 · 좌 · 와)이 불일치하는 일이 벌어지는 것이다. 따라서 명상을 통한 심리적 변화를 주변사람들과 소통적으로 잘 나눌 수 있도록 하려면 명상적 대화 기법을 익혀야 하는 것이다. 이것이 차명상상담에서 대화명상을 학습해야 하는 이유이다.

3. 대화명상의 종류

● 대화명상은 정담용과 상담용, 법담용으로 구분할 수 있다. 대화명상은 대화의 상황에서 내 몸과 마음에서 일어나는 현상을 적절하게 관찰하면서 알아차리고 있는지가 중요하다. 정담에서도 알아차림과 집중을 계속하게 되면 그것은 명상적 대화가 이루어 진 것이라 말할 수 있다.

찻자리의 상대방이 자신의 이야기를 털어 놓는 자기개방을 시작하면 상담용 대화명상이라고 보아야 한다, 상담용 대화명상의 경우에는 목표설정을 내담자가 현실적으로 기능하게 하는데 주안점을 두어야 한다. 그 이상의 목표를 두게 되면 차담자리의 팽주는 목적달성에 대한 부담감으로 일찍 소진에 직면할 우려가 있다.

'선문답'의 경우는 법담용 대화명상이 된다. 수행자와 수행자 사이에서 서로의 경험을 나누고 확인하는 자리이고 주제는 깨침이다. 역사적으로 보면 고려 때 그리고 조선 초에 이뤄진 '담선법회'의 경우에는 선어록 연찬회를 열어 선사를 모시고 어록에 대해서 이야기를 나누고, 선문답을 하였다. 형식은 6조 혜능스님의 제자인 하택신회(荷澤神會, 684~758)가 스승을 선양하기 위해서 연 무차법회와 같아서 누구든지 차별 없이 모임에 참가하여 선에 대해서 이야기하고 자신의 상태를 거량(공부가 된 정도를 무게로 달아보는 것)을 통해서 드러냈다. 따라서 '선문답'을 통해 자신의 공부 상태를 점검하는 방법은 깊이 있는 대화명상의 좋은 예라고 하겠다.

법담용 대화명상인 '선문답'의 또 다른 예는 인터뷰 즉 입실독참(入室獨參)이다. 선원 주지인 방장과 1:1로 독대하여 공부 상태를 지도 점검받는 것을 말한다. 이것을 스승의 방에 들어가 지도받는다고 하여 입실(入室)이라고도 하고, 또는 '입실독참', '입참입실(入參入室)'이라고도 한다.

인터뷰 즉 입실 독참의 의미와 기능에 대하여 〈칙수백장청규〉 '주지'장(章) '입실'편에는 다음과 같이 정의하고 있다.

"입실이란 곧 스승이 학인(수행자)을 감판(勘辦·감별, 판단)하는 일이다. 아직 그 이르지 못함을 경책하고, 허항(虛亢·건방진 것)함을 쥐어박고, 그 편중(偏重·치우침)됨을 쳐버린다. 그것은 마치 용광로에서 금을 녹일 적에 연홍(鉛汞·납과 수은. 즉 雜銀)이 남아 있지 않게 하는 것과 같으며, 장인이 구슬을 다룰 때 무부(珷玞·옥과 비슷하나 옥은 아닌 돌)가 모두 제거되는 것과 같다."

정리하면 독참은 ① 수행자의 공부 상태를 점검하고, ② 허황됨과 치우침(非중도) 등 잘못된 것을 제거하고 ③ 가짜를 걸러 낸다. 이상이 대략 독참의 기능이라고 할 수 있다.[9]
차명상에서의 인터뷰는 차명상을 하고 난 뒤에 차명상지도자와 독대하여 화두 참구를 비롯한 몸에 일어난 변화를 지도·점검받는 것이다. 모든 차명상행자들은

---

9) 윤창화(20181124), 중국선원의 생활과 철학, 현대불교

정해진 날짜에 '개별적인 지도 및 점검'을 받는 과정을 통해 자신의 공부 상태를 확인해야 한다.

4. 대화명상의 실제

● 대화명상은 몸과 마음의 변화를 알아차리면서 대화하는 명상적 대화를 지칭하는 것으로 일반적인 커뮤니케이션 현장에서 정담을 나눌 때도 쓰고 병리적인 심리현상을 다스리기 위해 쓰이기도 한다.

대화명상의 예를 들어 보면, 차담명상원에서 사용되는 '붓다의 대화명상'[10] 프로그램도 그 중의 하나이다. 삶의 고통을 유발하는 불통적(不通的) 의사소통 방식을 자각·개선하여 소통적(疏通的) 의사소통 방식으로 대중들과 더불어 살 수 있는 토대를 마련할 목적으로 개발된 이 대화명상방식은 바른 안목과 바른 의도 그리고 바른 표현을 기반으로 지혜와 자비의 대화방식인 권청을 습득하도록 구조화되어 있다.

이 구조를 기반으로 붓다의 대화명상을 훈련하면 우리가 사는 삶의 현장에서 불통과 소통이 어떻게 형성되고 있는지를 알아보고, 소통할 수 있는 방법을 찾게 되며 모든 대화 상황에서 자신의 의도를 파악·확인하여, 바른 의도에 집중할 수 있게 된다. 더불어 일상에서 몸의 반응을 관찰하고 감정의 표현이 어떻게 드러나고 있는지 알아차려 적절한 감정표현을 익히며. 스스로를 건강하게 만드는 생각을 키워 자신이 바라고 원하는 것이 무엇인지 알아차림을 통해 필요욕구인지, 불필요욕구인지 구별할 수 있게 된다. 결국에는 바른 안목으로 관찰된 몸과 감정, 생각, 욕구를 가지고 바른 의도를 배경으로 해서 스스로에게 또는 상대에게 권청하면서

---

10) 선업(2015), 붓다의 대화명상, 대화명상 출판사

대중과 어울러 소통하며 시는 관계전문가들이 양성되는 것이다.

[인터뷰와 차 명상일지 쓰기]

● 다음으로 '차명상일지쓰기'를 통한 인터뷰 즉 대화명상이 있다. '차명상일지'는 차명상을 하면서 경험한 내용을 정리하여 작성한 일지이다.

명상 체험의 보고인 차명상일지는 다음의 사항을 고려하여 작성한다.

먼저 차명상일지는 일기가 아니다. 일기(dairy)와 일지(journal) 사이에는 차이점이 있는데 일기는 일상적인 사건의 기록인 반면, 일지는 자신이 그 사건들의 영향을 어떻게 받았는지 파악하기 위하여 내면을 살펴보는 일이 선행된다. 일지쓰기는 단순히 '생각하기 위한 수단'을 넘어 차명상을 하면서 떠오른 생각과 통찰을 기록하고, 체험을 작성하고, 그러한 일상 안에서 움직이는 자신의 내면을 기록하는 작업이다.

다음으로 차명상일지를 쓰는 목적이 확고해야 한다. 차명상일지를 작성하는 일련의 과정이 자기수행을 점검하고자 하는 것인지, 차명상수행을 통해 변화하고 있는 자신의 상태를 알고자 하는 것인지, 아니면 두 가지 모두를 통해 지혜를 계발하려고 하는 것인지 분명히 할 필요가 있다.

물론 목적을 너무 강조하다 보면 아예 겁을 먹고 일지쓰기를 포기하는 경우도 있기에 조심스러운 면이 있지만 자신이 지금 여기에서 무엇을 하고 있는지 아는 작업 또한 명상이기에 목적의식을 가지고 작업하는 것이 중요하다.

이어서 매일 기록하는 관찰일지처럼 기록해도 되지만, 여기에도 일정한 형식이 있다. 먼저 형태적인 요소를 보면, 먼저 자신이 호감을 느껴 쓰고 싶은 일지나 도구를 고르는 것이 중요하다. 그냥 손이 가는 것이 있으면 그것을 선택하면 된다. 다음으로 특별한 시간과 공간을 정해서 안정적으로 집중할 수 있는 환경을 만든다. 장소에 따라 시간은 다르게 흐른다. 그리고 하나 더, 예기치 않은 순간이나 상황에서 메모할 수 있는 준비를 해 두는 것도 중요하다. '그 때 메모 할걸'이라는 탄식으로 수행면담 시간에 안타까워하는 이들이 의외로 많다.

이제 내용적인 요소를 보면, 자신의 몸과 마음에 일어난 변화를 관찰한 내용을 기술하는 것이 중요하다. 보태어 자기 자신에 대해서 스스로 어떻게 느꼈는지 쓰면 된다. 요즘에는 몸 변화 체크를 위해 몸 지도를 일지 안에 포함해 놓은 것도 있다. 다음으로 특별히 차명상을 하는 가운데 삶의 반전을 느낀 지점이 있는가 하는 점이다. '관점이동'에 해당하는 것으로 심리적 변화의 중요 포인트다. 이 지점을 찾게 되면 명상은 삶의 중요한 동반자가 된다. 더불어 차명상 중에 일어난 방해물들을 기록하는 것도 중요하다. 경계 유발자들을 살피다 보면 명상이 자신의 정체성을 이해하는데 도움을 준다는 사실을 인지하게 되고 명상을 통한 삶의 변화라는 목표를 확인하게 된다.

차명상일지의 마무리는 서원으로 갈무리하는 것이 좋다. 지금 이곳에서의 자신을 돌아보고 지금부터의 결심을 마음에 심으면 그것이 명상수행의 한 그루 나무가 된다. 일지쓰기는 그렇게 명상의 숲을 일구는 초석이 되는 것이다.

제12장

품차와 품차명상

1. 품차

　　● 서로의 마음자리를 확인하는 담선용 차담자리 기법은 세 부분으로 이루어져 있다. 첫 번째는 品茶를 통해 지금 이곳에서 자신의 몸과 마음의 상태를 확인하는 것이다. 두 번째는 普茶를 통해 동등한 성품의 존재로서 평등한 권리를 함유한 존재로서의 '大衆'을 자각한다. 이어서 세 번째에 해당하는 차담을 통해 자신의 현재를 대중에게 드러내고 탁마한다. 위에 등장하는 '품차를 통해 자신의 상태를 확인하는 것'은 차명상상담의 진단 및 평가 작업에 해당된다. 다시 말해 품차는 차명상상담의 진단 및 평가 영역을 의미한다.

1) 품차의 요소

　　● 품차의 요소로는 차로 심신(心身, 몸과 마음)의 상태를 진단 · 평가하는 "품평", 형이상학적 정신이 담겨있는 식물 "차", 그리고 품차를 제대로 할 수 있도록 돕는 "알아차림"등을 들 수 있다.

(1) 차로 品하는 진단 및 평가로서의 "품평"

　　'품평(品評)'이란 차를 매체로, 5관능과 그 대상인 '촉성색향미'를 정신적인 마음거울[意鏡]에 반영하고 조견하여 품성을 계발하고 성품을 확인하는 일련의 과정을 말한다. 즉, 차를 마시는 사람의 상태를 진단하고 평가하는 일련의 과정이다.

① 진단 및 평가로서의 품평

　　'진단 및 평가로서의 품평'이란 차명상상담사가 개입하기 전에 개입할 방식,

개입할 시기와 강도, 개입할 영역 등에 대해 전문적으로 판단하고 결정하기 위해 내담자의 지적, 정서적, 사회적 측면에 대한 다양한 정보를 수집하고 수집된 정보를 종합하여 내담자에 대한 최종적인 해석과 판단을 내리는 과정을 의미한다.

ⓐ 차명상상담에서 품평의 목적
내담자의 변화를 효과적으로 하려는 목적을 가지고 내담자에 대한 합리적이고 전문적인 판단을 내리게 하고 그 결과 내담자를 변화시키는 것이 그 목적이다.

ⓑ 차명상상담에서의 전문적인 판단
차명상상담자는 검사, 면접, 관찰 등을 포함한 다양한 방법으로 수많은 정보를 수집하여 그 정보를 기초로 차명상상담사와 내담자, 상담관계, 맥락 등의 특성을 평가한다. 차담과정은 차담 전 단계, 관계형성 단계, 문제개입단계로 나눌 수 있다.

② 평가의 의미, 기능과 유형
차명상상담사가 차명상상담에서 내담자를 변화시키기 위 개입방법을 선택하고 실제로 개입하기 전에 내담자에 대해서 알고자 하는 노력을 평가라고 할 수 있는데 이와 유사한 노력에는 측정과 진단이 포함된다.

ⓐ 측정과 평가
측정이란 개인의 어떤 행동특성을 관찰 또는 검사해서 거기에 어떤 숫자 또는 점수를 매기는 것을 말한다. 평가는 전문가의 판단을 올바로 하기 위해 객관적인 자료와 정보를 수집하는 것 외에 수집된 자료와 정보를 종합하여 전문적인 판단을 내리는 과정도 포함된다.

ⓑ 진단과 평가

진단은 내담자의 문제를 분류하고 명명하여 문제의 실체를 객관화하는 것을
말하며 평가의 한 종류이다. 진단은 기술적이고 정적인 성격인 반면 평가는
역동적인 활동이라고 볼 수 있다.

③ 평가의 유형

평가의 유형에는 검사, 면접, 그리고 관찰이 포함된다. 그리고 다양한
출처로부터 수집된 정보를 통합하는 것이 중요하다.

(2) 형이상학적 정신이 담겨있는 식물 "차"

차의 명칭이 '가목(嘉木), 영목(靈木), 영초(靈草), 영아(靈芽), 서초(瑞草),
신초(神草)'등의 영적인 용어로 쓰이고 있음에 주목해야 하며 특히 차의 한자를
파자하여 108번뇌 제거 기능을 가진 매체'로 차를 바라보는 시각은 차를
형이상학적인 정신이 담긴 치유의 매체로 보는 측면이 있다.

(3) '여실지견'으로서의 "알아차림"

품차를 제대로 하기 위해서는 대상을 있는 그대로 보는 것이 중요하다.
알아차림은 '여실지견(지금 여기(이곳)에서 대상을 바로(제대로) 보는 것)을 목적으로
한다. Dimidjian 과 Linehan(2003)은 알아차림을 내ㆍ외적 현상에 주의를
기울이고 민감하게 자각하는 관찰하기, 내ㆍ외적 현상에 대해 이름을 붙이는
기술하기ㆍ명명하기, 비 판단적으로 수용ㆍ허용하기, 그리고 현재의 순간에
집중하기 등으로 세분화했다. 이와 같은 알아차림을 활용하여 대상의 상태를
바라보면 정확하게 대상의 상태를 품평할 수 있게 된다.

2) 품차의 필요성

• '품차'는 내담자의 심신의 상태를 파악하여

본래의 기능을 회복하기 위해 반드시 필요하다.

3) 품차의 구조적 틀

● '품차'는 구조적으로 '세 개의 마음 거울'이론과 밀접한 관계를 맺고 있다.

첫 번째 마음 거울인 識鏡은 '겉 성격'을 의미하고 두 번째 마음거울인 意鏡은 '본 성격'을 마지막으로 세 번째 마음 거울인 心鏡은 '본 성품'을 의미한다. 아래는 그 내용을 요약 설명한 것이다.

〈도표 3-7〉 세 개의 마음 거울 도표

거울 수	명칭	내용
1□: 한 개의 거울	圓鏡	유식(唯識)에서 주창한 네 가지 지혜의 하나. 아뢰야식(阿賴耶識)이 변화하여 큰 거울에 만물이 비치듯이 모든 진리의 모습을 보여 주는 지혜를 이른다.
2□: 두 개의 거울	回鏡	겉마음과 속마음 回茶: 투차의 다른 말로 회는 안회를 말하는데 [논어]의 "한 가지를 알면 열을 깨우친대聞一知十]"는 의미에서 나온 말이다. 십현담에서 '기틀을 돌리다[回機]'라는 말은 근원을 움직여 방향을 바꾼다는 의미이다. 한 인간의 마음의 움직임은 곧 온 우주가 움직이는 일이다.
3□: 세 개의 거울	品鏡	심의식(겉성격, 본성격, 본성품=의식 개인무의식 집단무의식)을 투과하는 일련의 과정을 의미한다.

4) 진단 및 평가로서의 품차의 종류

● 품차는 변화 측정 도구에 따라 매체 중심 품평, 명상 중심 품평. 상담 중심 품평으로 나눌 수 있고 변화 측정 요인에 따라 생리적 변화 품평, 행동 변화 품평, 심리 변화 품평, 관계 변화 품평 등으로 나눌 수 있다.

(1) 생리적 변화 품평

본인의 상태에 맞는 차를 감별하는 방법이다. 아래는 '품차 오링테스트'를 통해 체질에 맞는 차를 선택하게 하는 절차이다.

〈도표 3-8〉 품차 오링테스트

순서	품차 오링테스트
1	6대 다류 중심으로 차를 준비한다. (녹차, 청차, 백차, 홍차, 황차, 흑차 등)
2	내담자의 왼 손 바닥 위에 해당 차를 놓고 내담자의 오른손(왼손잡이는 왼손)의 1지와 2지를 동그랗게 만든다.
3	품차전문가도 동그랗게 만들어 피 감별자의 오링 속에 넣는다.
4	품차전문가는 천천히 힘을 주어 내담자의 손가락을 벌린다.
5	이때 내담자에게 최대한의 힘을 주어 손가락이 벌어지지 않게 하도록 요청한다.
6	손가락이 잘 벌어지지 않는 순위로 해당 차는 내담자와 어울리는 차로 판정한다.

(2) 태도 변화 품평

행다를 하는 대상의 행동을 관찰하여 변화를 평가 할 수 있다. 즉 행다를 통해 신체 기능회복 정도를 측정하는 것이다.

(3) 심리적 변화 품평

대표적인 평가 도구로 차명상 품평키트, 칼라 종이컵, 지수화풍공 오대 도표, 차크라 변화표, 5개 비유표, 통그램 등을 들 수 있다. 특히 통그램의 경우 차를 마신 뒤 주제어 대한 그림을 그리면 차 마시기 전 후의 심리적 변화를 측정가능하다.

① 차명상 품평 키트

색상을 활용한 차명상 품평키트는 유채색 12가지 색상과 무채색 4가지 색상의 찻잔을 활용한 마음현상 진단도구이다.

[그림 3-9] 차명상 품평 키트

② 칼라 종이컵

칼라 종이컵을 활용한 다양한 선택하기와 놓아보기를 통해 마음의 상태를 점검할 수 있다.

③ 지수화풍공 오대 도표

먼저 '사마타선차'를 통해 지수화풍 4대 관찰을 하도록 한다. 4대에 대한 이해는 아래의 도표를 참고하면 된다.

<도표 3-10> 4대의 속성

	특성	역할(기능)	(몸에) 나타남 (40)	원인
지대 (20)	거친 성질 단단하다. 부드럽다	토대로서 존재의 바탕이 된다.	머리카락, 몸의 털, 손발톱, 이빨, 피부, 살, 힘줄, 뼈, 골수, 신장, 심장, 간장, 늑막, 비장, 폐, 창자, 위장, 부소화물, 대변, 뇌 등(20)	업에서 생김
수대 (12)	유동성, 응집성, 무거움, 가벼움 축축하다.	점착의 성질로 강력해진다.	담즙, 가래, 고름, 피, 땀, 비계, 눈물, 임파액, 침, 콧물, 관절액, 오줌 등 (12)	업, 마음에서
화대 (4)	뜨거운 성질 따뜻하다. 차갑다.	숙성. 성숙. 익히고 태운다.	따뜻함. 늙음. 태움(3)	업, 마음, 온도, 자양분
			소화시킴(1)	업에서 생김
풍대 (6)	움직이는 성질 팽창함, 운동성, 긴장성, 지탱의 요소, 늘어남.	팽창, 수축하며 동작을 일으키고 나른다.	상승하는 풍대 (구토, 딸꾹질, 하품, 트림). 하강하는 풍대 (대변, 소변) 내장 밖 배안의 바람, 내장안의 바람. 팔다리에 퍼지는 바람 등(5)	업, 마음, 온도, 자양분
			들숨과 날숨 (1)	마음에서 생김

이어서 차를 마시고 일어난 심리적 변화를 '심리를 반영한 지수화풍공 5대 도표'를 통해 확인한다. 5대의 긍정과 부정의 대표 심리는 아래 도표와 같다.

<도표 3-11> 5대의 대표 심리표

다양한 명상기법 ⇨				
			부정의 마음	긍정의 마음
◌	쏘		무지	본질적 앎, 있는 그대로 보는 지혜

(⌣ (	風	변화성	질투	부드럽게 움직이는 마음
△	火	목적지향성	욕심(소유욕)	따뜻한, 화평한 마음
○	水	유동성	분노	윤택한 마음
□	地	견고성	자만심, 고집, 자존심	흔들리지 않는 마음, 부동지

④ 5개 비유

마음의 상태를 찻물의 상태와 비교하는 방법으로 대표적으로 5개(다섯 가지 마음의 덮개)를 물의 상태에 비유하고 있다.

〈도표 3-12〉 다섯 가지 장애에 대한 물의 비유

5장애	물의 비유	비 고
감각적 욕망 (kāmarāga)	여기 통속에 빨강, 노랑, 파랑, 적황색의 물감이 섞인 물이 있다면 정상적인 시력을 가진 사람이 그곳을 들여다본다 해도 거기에 비친 자신의 얼굴을 제대로 알아볼 수 없으리라. 《상응부》46상응, 55경	다섯 가지 색깔로 물든 물
분노 (byāpāda)	여기 불 땐 솥에 물이 펄펄 끓고 있다면, 정상적인 시력을 가진 사람이 그 속을 들여다보더라도 거기 비친 자기 얼굴을 제대로 알아볼 수 없으리라.	부글부글 끓는 물
해태와 혼침 (thīnamiddha)	여기 통 속에 물이 있어 이끼와 수초로 덮여 있다면 정상적인 시력을 가진 사람이라도 거기 비친 자기 얼굴을 제대로 알아볼 수 없으리라.	이끼가 낀 물
들뜸과 회한 (uddhaccakukkucca)	여기 통 속에 물이 있는데 바람이 휘저어 흔들리고 출렁거려 파문이 인다면 정상적인 시력을 가진 사람이라도 거기 비친 자기 얼굴을 제대로 알아볼 수 없으리라.	바람이 불어 파도치는 물
회의적 의심 (vicikicchā)	여기 한 통의 흙탕물을 휘저어 어두운 곳에 두었다면, 정상적인 시력을 가진 사람이라도 거기 비친 자기 얼굴을 제대로 알아볼 수 없으리라.	흐린 흙탕물

⑤ 통그램

통그램은 마음의 상태를 파악하기 위해 표현명상에서 개발한 심리 평가
도구로 차명상상담의 품평을 위해 사용할 수 있도록 기호와 상징을 마련하고
있다.

품평을 위해 차 마시기 전후의 상태를 점검하기 위해 같은 기호를 기반으로
두 번 작성할 수도 있고 특정 심리상태를 알기 위해 특정 기호를 기반으로
그림을 그릴 수도 있다.

2. 품차명상

1) 정의

• '품차명상'이란 "차(茶)를 매체로 5관(시각,
청각, 미각, 후각, 촉각)을 활용하여 신신의 상태를 진단하고 평가하는 품차를 활용하여
품성을 계발하고 성품(性品) 확인(자각)에 이르게 하는 일련의 명상 과정"11) 을
말한다.

2) 역사

• 석교연스님은 「飮茶歌誚崔石使君(음차가초
최석사군)」에서 品을 이루는 三口의 의미를 정확하게 설명하고 있다. 음차의 최고
경지인 品을 3개의 입이나 물품의 의미에서 3잔의 차로, 이어서 3개의 거울이라는
정신적 경지로 승화시키고 있다. 결국, 차 석 잔으로 수행의 단계별 효과와 품차의
최고 경지를 모두 표현하고 있다.

---

11) 선업스님에 의해 개발되어 전승되고 있는 '품차명상'의 정의이다.

아래는 석 잔의 차로 표현한 단계별 내용이다.

(1) 一飲滌昏寐, 情思朗爽滿天地

(2) 再飲淸我神, 忽如飛雨灑輕塵

(3) 三飲便得道, 何須苦心破煩惱

(4) 此物淸高世莫知 ...중략...

(5) 孰知茶道全爾眞, 唯有丹丘得如此

먼저 '一飲滌昏寐, 情思朗爽滿天地'는 한 잔 마시니(一口 : 첫 번째 잔) 혼매를 씻어준다 (정신을 깨어나게 함)로 해석할 수 있다. 여기에서 昏寐는 혼매의 상태 즉 스트레스를 받은 상태를 말한다. 현대적으로 해석하면 결국 피로로 인해 정신이 맑지 아니한 상 태인 '스트레스를 풀어준다'는 의미이다. 차의 기능인 정신을 맑게 하는 기능에 충실 한 것이다.

이어지는 '情思朗爽滿天地'는 '척혼매'의 상태를 표현한 것으로 '정과 사가 상쾌하고 명랑함이 천지에 가득하다'로 해석 가능하다. 특히 '情思'는 '감정과 생각'을 뜻하고 혼은 정에 매는 사에 배대된다. 이를 유식으로 설명하면 '정'은 정의적 차원(감정과 의지의 차원)인 번뇌장을 말하고 '사'는 지적인 차원(안다병, 지적인 번뇌)인 소지장을 의미한다.

'朗爽'은 감정적으로 올라오고, 생각이 너무 많아서 생긴 스트레스를 모두 날려 버림을 뜻한다.

이어서 '再飲淸我神'은 二口 즉 두 번째 잔에서 정신이 맑아짐을 뜻한다.

그리고 '忽如飛雨灑輕塵'은 '날리는 비로 세 번뇌까지 깨끗하게 청소한 생태를 말하는 것으로 '輕塵' 즉 미세한 번뇌는 끈끈하게 붙어서 잘 떨어지지 않는 번뇌인 사치(아치, 아견, 아만, 아애) 즉 핵심번뇌를 의미한다. 두 번째 잔에서 '灑' 즉 말끔하게 번뇌를 제거한 것이다.

경진 : 계속된 '三飮便得道, 何須苦心破煩惱'은 세 번째 잔을 통해 돈오하여 더 이상 번뇌 제거 작업할 일이 사라졌음을 선포하고 있다. 고민 할 것이 없으니 걸릴 것도 없다는 것이다.

다음의 '此物淸高世莫知'에서 '此物'은 번뇌를 깨치고 나타난 성품을 표현한 것으로 결국 차 석 잔으로 성품을 확인하는 경지에 도달했음을 나타낸다.

마지막으로 '孰知茶道全爾眞, 唯有丹丘得如此'은 품차를 통해 성품을 보는 득도의 길이 바로 여기 있음을 선언한 대목이다.

정리하면 석 잔의 차로 성품을 드러내는 과정을 교연스님이 아래처럼 설명하고 있는 것이다.

〈도표 3-13〉 성품 드러내는 과정

잔 수	명칭	내용
一口	척혼매	추 번뇌(거친 번뇌)를 맑힘, 정사를 맑힘(감정과 생각이 맑아짐)
二口	청아신	세 번뇌(미세한 번뇌)를 씻어냄, 영혼이 상쾌함(더 이상 번뇌가 없음)
三口	득도	본 성품을 드러냄

덧붙여서, [다경]¹²⁾과 노동의 "칠완차시"¹³⁾ 그리고 구양수의 [품차경]과 홍유의

---

12) "사람들은 배고프기에 먹고, 목마르기에 마시고, 춥기에 옷을 입는다. 이것을 충족하기 위해 끝 없이 노력하나 물질을 다 갖추었다고 진정한 맛을 아는 것이 아니다. 진정한 맛은 마음에 있는 것이고, 그 마음을 찾게 해주는 것이 차다."
"사람들이 목이 마르면 물을 마시게 되고, 우울함과 울분을 삼키려면 술을 마시나, 정신의 혼매함을 깨우치려면 차를 마셔야 한다." (蕩混寐)(흩어진 마음을 모으려면)

13) 一椀候吻潤 (일완후문윤)
兩椀破孤悶 (양완파고민)

[품차요록] 등은 '품차명상'의 역사적 배경을 이해하는데 도움을 주는 자료들이다.

3) 품차명상의 요소

● '품차명상'의 요소로는 음차 최고의 경지 "품", 형이상학적 정신이 담겨있는 식물 "차", 그리고 '여실지견행'"명상"을 들 수 있고, 차로 품하는 "품차" 또한 중요한 요소로 보아야 한다.

(1) 음차 최고의 경지 품

먼저 '품'의 의미는 명사로는 입이 셋이 모여 하는 '비교평가'를 뜻하거나 놓여진 '물건'을 의미하기도 하며 차 석잔 또는 세 개의 '거울'로 보는 관점도 있다. 동사로는 '품평하다'로 쓰여 물건에서 사람의 성격에 이르기까지 다양한 분야에 사용된다.

'품'은 "찻잎의 향기나 맛의 감별 혹은 찻물이나 차의 모양 등을 감상하는데 있어서

三椀搜枯腸 (삼완수고장) 唯有文字五千卷 (유유문자오천권)
四椀發輕汗 (사완발경한) 平生不平事塵向毛孔散(평생부평사진향모공산)
五椀肌骨淸 (오완기골청)
六椀通仙靈 (육완통신영)
七椀喫不得也 (칠완끽불득야) 唯覺兩腋習習淸風生 (유각양액습습청풍생)
첫째 잔은 목과 입술을 적시고
둘째 잔은 혼자의 번민과 외로운 고독을 없앤다.
셋째 잔은 메마른 창자 살펴주니 오직 책 5천권의 문장이 떠오르네.
(셋째 잔에 마른 창자에 담겨 있던 쓸데없는 지식이 흩어지며)
넷째 잔은 몸속에 깊이 박혀있던 한평생 편평치 않아 불편한 것 다 털구멍으로 흩어진다.
다섯째 잔은 살과 뼈를 맑게 하며
여섯째 잔은 신선과 바로 통하여 맑은 바람이 솔솔 일어남을 느낀다.
일곱째 잔은 마시지도 않았는데, 느끼노니 두 겨드랑이에 맑은 바람이 솔솔 일어나네

問蓬萊山在何處 (문봉내산자하처)
玉川子乘此淸風欲歸去 (옥천자승차청풍욕귀거)
신선이 산다는 봉래산은 어디 메에 있는가. 나는 그 청풍을 타고 돌아가련다.

정신적인 의경[마음거울]에 대한 강조이며, 또한 이를 통하여 스스로 즐길 줄 아는 자세를 가리키는 것[도해 다경, 2007]'이라고 한다.

또한 '품'은 '차 마시기의 최고의 경지'를 뜻하며 세 개의 구(口)자로 이루어진 것처럼 세 단계로 이루어져 있다.

첫 번째의 口자는 '척혼매', '탕혼매'의 의미, 즉 번뇌의 해소, 정신적 각성의 측면에서 그 약리적 효능을 강조하는 것이다. 즉 '촉성색향미'를 품하는 오관(五官)명상을 활용하여 몸과 마음의 변화(감각, 감정, 생각, 욕구)를 알아차림하는 단계를 말한다.

두 번째의 口자는 '청아신'으로 개인무의식적인 에고가 부리는 4치(아치, 아견, 아만, 아애)를 다루는 단계를 의미한다.

세 번째 口자는 집단무의식을 투과하여 성품을 확인하고 개성화 과정을 통해 수처작주하는 대원경지의 단계를 의미하는 것이다.

(2) 형이상학적 정신이 담겨있는 식물 "차"

차의 명칭이 '가목(嘉木), 영목(靈木), 영초(靈草), 영아(靈芽), 서초(瑞草), 신초(神草)'등의 영적인 용어로 쓰이고 있음에 주목해야 하며 특히 차의 한자를 파자하여 108번뇌 제거 기능을 가진 매체'로 차를 바라보는 시각은 차를 형이상학적인 정신이 담긴 치유의 매체로 보는 측면이 있다.

(3) '여실지견행'으로서의 "명상"

명상을 뜻하는 Meditation은 Mederi에서 나온 말로 Measure와 Medicine의 의미를 가지고 있다. 또한 명상은 '여실지견(지금 여기(이곳)에서 자기를 바로(제대로) 보는 것)을 목적으로 한다.

또한 명상을 필요성의 관점으로 보면 '삶의 질을 높이고 평화를 체험하고 이를 통해 '깨침'을 얻게 하는 최상의 방법'이라고 할 수 있다.

4) 품차명상의 필요성과 효과

(1) 필요성
'품차'의 본질적 의미인 차로 현재 심신의 상태를 파악하여 본래의 기능을 회복하기 위해 필요하다.

(2)효과
효과는 아래의 다섯 가지로 구분할 수 있다.
(1) 스트레스 해소 및 행복감 증진
(2) '에고'의 정체 파악으로 괴로움의 원인 파악
(3) 성품 확인으로 걸림 없는 삶 향유
(4) 품성계발로 인한 자기실현 및 관계 회복
(5) 건강한 사회성 확립으로 건강한 공동체 실현

5) 품차명상 레시피

● '품차명상'의 종류는 '명상 목적'에 따라 '정담용 · 상담용 · 법담용'으로 나누며, '차의 다법'에 따라 '전다품차명상 · 점다품차명상 · 포다품차명상'으로 나눈다.
또한 '잔의 숫자'에 따라 '1□ 圓茶法 · 2□ 回茶法 · 3□ 品茶法 · 4□ 田茶法 · 5□ 吾茶法 · 6□ 6大茶法 · 7□ 七碗茶法으로 나누며, '명상방법'에 따라 '품차지관법'과 '품차화두법'으로 나눈다.

〈도표 3-14〉 품치명상의 종류

품차지관법	품차화두법
1) 오관품차명상(염지관) 2) 隨念품차명상 3) 5대품차명상 4) 16관품차명상 5) 隨觀품차명상 6) 無經界품차명상(사무량심 포함)	1) 공안품차명상 2) 화두품차명상

제13장

행다례

● 차명상상담의 하위 영역으로서의 행다례(行茶禮)는 행다와 차례의 합성어로 행동수정원리에 기반을 둔 신체 심리학으로서의 행다(行茶)와 알아차림 중심의 명상적 차례(茶禮)를 통해 심신 통합적 변화를 지향하는 일련의 과정을 의미한다.

1. 행다

● 신체중심 몸 회복 치유 분야인 신체 심리학은 몸과 몸적 경험 그리고 신체화된 몸에 대해 심신 통합적으로 접근하는 영역으로, 신체를 느리게 움직이는 마음으로 신체 언어를 무의식의 반영으로 본다. 차명상상담에서의 행다는 명상적 몸짓으로 행동을 바꾸고 이를 통해 몸 전체를 수정하는 일

련의 회복 과정이다. 이를 위해 마하행다 즉 행다선(行茶禪)를 행한다.

1) 마하행다

●차로하는 명상상담 자리인 '차담자리'는
차명상상담의 행다인 '마하행다'가 동반된다. 차를 우리고 나누고 거두는 모든
순간에 알아차림이 동반되는 '차담선'의 파노라마가 '마하행다'이다. 온 우주가
총섭되어 바로 이곳 이 자리에서 하나 되기에 '마하'라고 부르며, 차와의 역동을 통해
서로의 무한 가능성을 확인하는 현장이기에 '마하행다'라고 한다.

아래 도식은 '마하행다' 즉 '행다선(行茶禪)'이 현현되는 '마하행다자리'에 대한
도식이다.

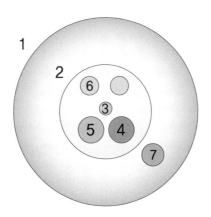

[그림 3-15] 마하행다자리

(1) 마하행다의 공간 구조

'마하행다선'이 실참되는 '마하행다자리'의 공간 구조는 '만다라'의 중첩
구조로 되어있다.

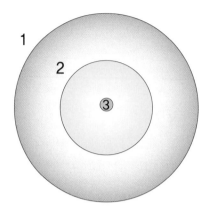

[그림 3-16] 만다라 중첩 구조도

만다라는 "산스크리트어로 본질(mandal) + 소유(la) 로 이루어진 말로, '완전한 세계, 또는 치유능력을 가진 원(圓)'을 말한다. 전통적으로는 "명상을 통하여 우주의 핵심과 합일하고자 하는 깨달음의 안내도이자 깨달음의 경지를 도형화한 것"을 일컫는다.

인도나 티베트, 네팔 근교에서 주로 활성화 되었으나 그 문양의 특징적 형태들은 전 세계 대부분의 지역에서 모두 나타나고 있다. 한국에서도 전통문양을 보면 연꽃문양과 여러 대칭성 문양의 형태 등으로 나타나고 있으며 멕시코 고대문명의 달력이라든지 기독교 문화에서도 만다라적 특성을 가진 그림들이 존재하고 있다. 이것은 인류의 오래된 종교적 상징 중 하나의 형태라고 볼 수 있다.

미술치료에서는 분석심리학자인 칼 융에 의해 처음으로 만다라가 도입되었다고 볼 수 있다. 칼 융은 내담자의 무의식을 분석하는 가운데 만다라와 같은 문양들이 많이 나타나며, 그것이 조화되어 가면서 내담자의 상태도 호전되는 것을 보면서 만다라에 대한 분석 및 활용을 연구하게 된다.

융 자신도 만다라 그림들을 그리면서 내적 균형을 잡아가기도 하였으며 그것을 의식과 무의식의 통합과정으로서 진정한 자신을 찾아가는 중요한 과정으로 보았다. 현재 미술치료에서 만다라는 '내면으로의 회귀와 만남 그리고 자아실현'을 위한 도구로 사용되고 있다.

차명상상담에서는 행다선을 행하는 자리가 바로 우주적 만남의 장소라는 의미로 '만다라 자리'를 첫 번째 장으로 설정한다. 또한 내담자가 온전히 이해받을 수 있는 공간으로 이동했음을 뜻한다. 분별과 아집의 세계에서 성장과 통합 그리고 친절의 공간으로 몸과 마음을 옮긴 것이다.

마하행다자리의 두 번째 만다라는 '만다라상'이다. 모든 치유 매체들이 자리를 잡고 내담자를 돕기 위해 이 공간에 존재한다. '상'이라는 공간에 우주적 치료 매체의 향연이 펼쳐진다. '싱'에 놓인 차 도구들은 내담자의 마음을 열고 닦고 바꾸는 치유의 도우미로 기능하게 된다. 그리고 만다라상의 또 하나의 기능은 거울 기능이다. 내담자의 몸과 마음에 발생하는 다양한 변화를 만다라상을 통해 비추는 것이다. 상에 투사된 내담자의 변화를 반복적으로 알아차림 하는 것이 바로 '행다선'의 기본 훈련이 된다.

마하행다자리의 세 번째 만다라는 '만다라받침'이다. 원래 만다라받침은 본래 온전한 본 마음을 상징한다. 이 곳에 내담자의 이야기를 올려놓게 되면 사례개념화[14] 요소 중 내담자의 주호소 문제를 통해 '핵심문제'로 집근해가는 과정에서 중요한 역할을 하는 장소가 된다. 내담자가 호소한 내용 중 가장 먼저 나온 것, 가장 중요하게 생각하는 것, 가장 관심 있는 것, 가장 시급한 것, 가장 힘든 것 등을 고려하여 우선 순

---

14) 사례개념화는 상담 실무자가 자신의 사례를 좀 더 체계적으로 이해하고 효율적인 상담목표와 전략을 개발하는 과정을 의미한다.

위를 두고 내용을 경청히다보면 드디어 핵심문제가 드러나게 된다. 주호소문제가 반드시 핵심문제가 아닐 수도 있는 것이다. 핵심문제가 확보되었을 때 비로소 제대로 된 상담목표가 설정될 수 있다. 그래서 만다라 받침을 다른 말로 '핵심받침'이라고도 한다. 내담자의 수많은 만다라 세계 이야기 속에서 핵심이야기를 발견하여 받침 위에 올려놓는 작업은 '행다선'의 통찰 작업에 해당된다.

정리하면 '마하행다자리'는 만다라 자리, 만다라 상, 만다라 받침으로 구조화된 3만다라의 중첩된 구조로 내담자의 존재를 온전한 존재로 받아들이고 온 세상 모든 치유 매체를 활용하여 내담자의 핵심 이야기를 해소하려는 우주적 치유의 장이라고 할 수 있겠다.

(2) 마하차관

차관은 모든 것을 총섭하며 모든 것이 다 들고 난다. 지수화풍 사대를 비롯하여 환경적 산물의 우주적 결합이 이루어지는 장이기에 마하차관이라고 한다.

차관은 또한 '인연업과'의 진리를 그대로 보여주는 진리의 장이기도 하다. 이 차가 이 자리에 오기까지 관여된 모든 존재를 헤아려보기만 해도 관련되지 않은 존재가 없음에 경이로움을 느낀다. 찻물 즉 차 한 잔은 차가 '인'으로 물이 '연'으로 작용한 것이다. 물을 부으면 차향과 함께 찻잎이 물을 머금어 점점 커진다. 이것이 바로 인과 연으로 빚는 습관화 과정을 의미하는 '업(業)'이다. 업은 반복을 통해 결과를 이루고 그것이 바로 '과(果)'이다.

'관불세심'프로그램을 진행할 때는 고요한 음악과 함께 "이 차 한 잔이 어디서 왔는가?"라는 멘트를 하면서 인연업과를 관찰하도록 한다. 차관 안에서의 변화를 관찰하는 과정 속에서 '나에게 일어난 변화를 인식할 수 있도록 돕는 것이다. 차관에서 일어나는 현상 관찰을 통해 나를 비추는 작업을 진행하는 것이다.

아래는 마하행다자리에서 차관의 위치이다. 차관의 위치는 차의 종류에 따라 '나눔 그릇'과 바뀔 수도 있다.

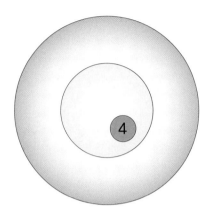

[그림 3-17] 마하 차관 위치도

(3) 나눔 그릇

차관에서 빚어진 인연업과의 결정체는 '나눔 그릇'으로 옮겨진다. 나눔 그릇은 보살도 실천의 의미로 기능한다. 보살의 길 그 첫 번째는 바로 '보시'이다.

다음 백과사전의 보시에 대한 설명을 보면 "육바라밀(六波羅密)·십바라밀(十波羅密)·사섭법(四攝法) 등의 제1의 덕목으로서 자비심으로 다른 사람에게 조건 없이 주는 것을 말한다."고 되어 있다. 이어서 "중생구제를 목표로 하는 이타정신(利他精神)의 극치인 보시를 행할 때는 베푸는 자(施者)도 받는 자(受者)도, 그리고 베푸는 것(施物)도 모두가 본질적으로 공(空)한 것이므로 이에 집착하는 마음이 없어야 하는 삼륜청정(三輪淸淨)을 설명하고 있다. 또한 보시의 종류 중 삼종시를 언급하면서, 재시는 능력에 따라 재물을 보시하여 재물을 구하는 사람에게 기쁨을 주는 것을 말하고, 법시는 진리를 구하는 사람에게 자기가 아는 만큼의 올바른 불법을 설명해주어 그 사람의 수련을 돕는 것이고, 무외시는 어떤 사람이 공포에 빠졌을 때 자신이 어려움을 대신하여 그 사람이 공포에서 벗어나게 해주는 것을 말한다."고 덧붙이고 있다.

나눔 그릇은 아낌없이 주는 보살의 마음을 상징한다. '무주상보시 그릇'인 것이다. 또한 내담자의 신체적 심리적 불편감을 해소해 주겠다는 약속과도 같은 것이다. 심지어 공포 까지도 제거해주려는 보살의 마음을 담은 나눔 그릇은, 한계가 없는 무량한 마음인 마하의 마음을 담은 마하그릇이기도 하다.

[그림 3-18] 나눔 그릇 위치도

(4) 회기잔

회기(廻機)[15]는 선종의 인간관이다. 무비스님은 기[機]를 아래와 같이 설명한다.

"선불교에서 자주 쓰이면서 그 의미도 중요한 글자 가운데 하나가 기틀 기[機]자이다. 기(機)자는 본래 베틀을 움직이는 장치나 석궁(石弓)을 발사할 때의 장치를 의미한다. 요즘 말로 하면 모든 전기장치의 스위치이다. 다시 말하면 '여닫개', '개폐기', '접선기'등으로 부를 수 있다. 불교에서 기(機)자는 근본 또는 근원이라는 의미로 사용된다. 구체적인 용례로는 본체(本體)와 작용이 인격화되었을 때를 나타내는 대기대용(大機大用), 말로 표현할 수 없는 깊고 깊은 뜻을 의미하는

---

15) 回 역시 廻와 같은 의미로 사용되고 있다.

현기(玄機), 선승이 다른 수행자를 대할 때 보이는 태도를 의미하는 기봉(機鋒), 자연과 만물의 변화를 뜻하는 기사(機事), 가르침을 듣고 수행하여 얻는 능력인 기근(機根) 등의 표현을 들 수 있다."

이어서 〈십현담〉의 회기(廻機) 편을 뽑아 해석하면서 다음과 같이 '회기'를 설명한다.

"십현담에서 '기틀을 돌리다[廻機]'라는 말은 근원을 움직여 방향을 바꾼다는 의미이다. 한 인간의 마음의 움직임은 곧 온 우주가 움직이는 일이다. "하나의 나뭇잎이 흔들릴 때 온 우주가 흔들림을 보았다"는 말이 그와 같은 뜻이다. 그것을 "바람이 일어나니 꽃향기 진동하고 구름이 걷히니 달그림자 옮겨간다[風起花香動 雲收月影移]"라고 지극히 아름답게 묘사하고 있다.[16]"

회기잔은 내담자의 현재의 틀을 돌려 본래로 회복시키는 치유의 잔이다. 회기의 능력은 모든 이들이 본래 갖추고 있는 능력이지만 그 기능을 잃어버려 혼란과 고통 속에서 자기를 잃고 사는 것이다. 그 사실을 회기잔에 담아 직면하게 하고 내담자의 본래의 기능을 회복시키는 작업을 하는 것이 행다선이며 차명상상담이다.

회기잔은 나와 남에게 모두 제공되며 자기 본성의 회복과 함께 둘이 아닌 마음의 잔으로 연결되어 조우한다. 이 만남을 '회기인연'이라 부르며 삶을 통해 틀을 바꾸는 인연을 만나는 것은 복 중의 복이다. 참스승을 만나 자기를 회복하는 순간이 바로 회기잔을 마주한 수승한 인연의 지점이다.

---

16)   무비 스님이 가려 뽑은 명구 100선 ④ [소를 때려야 하는가, 수레를 때려야 하는가]

[그림 3-19] 회기잔 위치도

(5) 회향기

회향은 "회전취향(廻轉趣向)의 준말이며 중생회향(衆生廻向)·보리회향(菩提廻向)·실제회향(實際廻向)의 3종이 있다. 중생회향은 자기가 지은 선근공덕을 다른 중생에게 회향하여 공덕 이익을 주려는 것이며, 보리회향은 자기가 지은 모든 선근(善根)을 회향하여 보리의 과덕(果德)을 얻는 데 돌리는 것이며, 실제회향은 자기가 닦은 선근공덕으로 무위적정(無爲寂靜)한 열반을 얻으려고 하는 것이다."[17] 행다의 마무리는 "이 모든 공덕이 모든 존재에게 공평하게 베풀어지기를"바라며 회향기에 회향물을 담는 과정이다. 회향물인 차나 물은 다시 자연으로 돌아가기 때문에 연기적 회향이고 존재들에게 되돌려지기에 환지본처 회향이다.

마하행다의 기본 맥락은 모든 존재는 소중하다는 것이다. 남은 것이 아니라 쓰일 것이며 찌꺼기가 아니라 회향물이다.

---

17) 한국민족문화대백과사전, 한국학중앙연구원

[그림 3-20] 회향기 위치도

2. 차례

　　　　　　● 차사(茶事)의 예법을 뜻하는 차례(茶禮)는
대중 생활에 필요한 의례용 차례와 알아차림 중심의 명상용 차례 그리고 심신
회복을 위한 치유용 차례로 나눌 수 있다.

3. 행다례 레시피

　　　　　　● 행다례를 대표하는 기법으로 아래의
프로그램들을 예로 들 수 있다.
　　1) 공양차
　　2) 관불세심
　　2) 7완 차례
　　2) 행주좌와 찻잔 옮기기

제14장
차담

● 템플스테이를 마무리하면서 일정 중 가장 좋았던 시간을 참석자들에게 물어보면 대부분은 '스님과의 차담'시간이었다고 답한다. 물론 대부분의 어린이들은 차에 함께 내어 놓은 과일 등의 다과에 점수를 주는 경향이 있긴 하지만, 어른들은 차와 함께 나눈 이야기에 점수를 준다.

아이들을 미소 짓게 하는 다과 중심의 차담(茶啖)이라는 말은 이두로 표기가 될 정도로 오래 된 말로 '차와 곁들인 다과'라는 의미에서 시작하여 '칙사를 위한 일상식'으로 확대되어 쓰이다가 요즘 들어서는 '손님 접대를 위한 일종의 간식 상차림'이나 '절에서 내어 놓는 다과'로 사용되고 있다.

이에 비해 어른들이 선호하는 차담(茶談)은 고려시대 이규보의 차시에 등장한 이래로 "차를 마시면서 이야기를 한다"는 의미로 현재까지 사찰을 중심으로 사용되고 있다.

'음식으로서의 차담'은 아는 사람들과의 친목을 위한 '정담용'과 음식명상이나 다이어트 등 특별한 목적으로 준비한 '명상용'으로 구분될 수 있다.

'이야기를 위한 차담'은 '情談용'과 '法談용'그리고 '相談용'등, 용도에 따라 크게 셋으로 나누어 볼 수 있다.

'정담용 차담'은 일반인들을 대상으로 친목을 목적으로 행해지는 것으로 가장 흔한 경우이다. 차 한 잔 놓고 이런 저런 이야기를 하는 것은 우리 일상의 한 모습이다.

"차 한 잔 하자"는 말은 언제 들어도 정겹다.

'법담용 차담'의 경우는 선지식을 중심으로 행해지는 것으로 차 마시는 시간에 차 등을 소재로 하여 수행을 지도하려고 하는 뚜렷한 목적이 있다. 누구든지 찾아오는 사람에게 차를 대접하면서 "차나 한잔 하라"던 조주선사의 '끽다거'화두의 경우나 "차가 넘친다"는 학자에게 진짜 넘치는 것은 본인의 아상임을 일깨워 준 남은선사의 경책 등이 이에 해당된다고 하겠다. 지금도 사찰에서는 이런 목적으로 차담을 활용하고 있다고 본다.

'상담용 차담'의 경우는 내담자가 방문해서 자신의 고민을 털어 놓을 때, 상담자가 차를 매개체로 사용하여 내담자가 자신의 문제를 자연스럽게 내어 놓을 수 있도록 도와주고 투사된 내용들을 다루어 내담자가 문제로 부터 벗어나 심리적 안정을 찾을 수 있도록 도와주는 일련의 심리치료적인 활동을 말한다.

요즈음 주목받고 있는 분야는 전통적인 차담의 기반[18] 위에 현대적인 상담 기법을 활용한 '차 매체 명상상담'[19] 즉 '차담명상' 줄여서 '차담' 분야이다.

차담은 육체적인 먹거리인 차담(茶啖)과 정신적인 먹거리인 차담(茶談)을 매체로 활용하여 부정적 감정과 고장난 사고, 훼손된 욕구를 치유하고 잘못된 언어와 행동 습관 등을 수정함을 통해 인생을 두려움 없이 멋지게(쿨) 살 수 있도록 만드는 일련의 활동이라고 정의할 수 있다.

---

18) 전통적인 차담에서도 명상은 필수적 요소 즉 필요충분조건에 해당한다.
19) 본 협회에서는 '차 매체 명상상담'을 '차담명상' 또는 '차담'이라고 줄여서 사용한다. 또한 '차 명상 치유'라는 표현도 동일한 맥락에서 사용되고 있다. 이하 '차담'은 '차담명상' 즉 현대적 '차담'을 의미한다.

차담의 과정을 보면, 차담을 활용한 명상을 통해 우선 자신의 문제를 인식하고 고찰하는 관찰 활동을 통해 주의력과 집중력을 증가시키고 이어서 창의적인 '병치'의 과정을 통하여 최종적으로 자신의 문제를 스스로 풀어낼 수 있는 '자기적용'에 도달하도록 돕고 있다.

또한 차담의 효과는 첫째, 훈련된 차담전문가와의 상호작용인 '점검을 위한 명상적 대화'를 통해 자기 자신의 무의식적 차원의 투사나 전이, 그리고 의식적 차원의 동일시를 놓게 되고, 둘째, 특정 감정이나, 사고에 매인 집착의 굴레를 벗어나 모든 존재와 소통할 수 있게 되며, 셋째, 상호작용적 차담을 통해 문제적 동일시에서 벗어나 '숫동일시'에 이르는 변화를 경험하고 이 과정을 통해서 자신의 심리, 정서, 관계, 생활사의 문제를 해결할 수 있게 된다.

대부분의 현대인들이 바쁨의 회오리에 부 적응적 스트레스로 온 몸과 마음이 몸살을 앓는 이 때, 차 한 잔의 여유로 자신을 회복하고 싶어 하는 많은 이들에게 명상적 차담은 참으로 매력적이다. 특히 본래적 자기의 회복을 위한 치유적 담소는 매여 있던 마음의 빗장을 풀어 행복을 불러들인다는 점에서 주목할 만하다. 명상적 차담을 통해 본래적 자기를 회복 할 수 있는 길이 지금 여기에 이렇게 펼쳐져 있다.

1. 차담의 이해

> 객 : 진리가 무엇입니까?
> 팽주 : 차나 한 잔 드시지요.
> 객 : 그만하시지요. 차가 넘칩니다.
> 팽주 : (오직 차를 따를 뿐...)
> 　　　 침묵과 함께

둘은 그대로 산이 되고
찻잔엔 구름이 두둥실[20]

차를 매체로 맺힌 이야기를 푸는 '차담자리'는 차담의 대표적인 기법이다. 특히 머리 깊은 곳 인식에 박혀 잘 빠지지 않는 고정된 관념을 '차 한 잔 하라'는 언하에 가볍게 뽑아내는 조주스님의 '끽다거'는 백미 중의 백미이다.

2. 차상담으로서의 茶談, 음식치유로서의 茶啖

● 차담은 육체적 먹거리인 茶啖을 활용한 치유 중심의 茶啖과 정신적 먹거리인 茶談을 활용한 상담 및 법담 중심의 茶談으로 나눌 수 있다. 이 중에서 茶啖의 경우는 음식 명상과 치유 분야에서 심도 있게 다루기로 하고 여기에서는 茶談을 중심으로 서술한다.

茶談이란 협의적 표현으로는 찻자리에서의 담소 정도(소규모의 정담용 차담)로 말할 수 있고, 광의적 표현으로 하면 '차'라는 매체를 활용해서 법담을 나누거나, 상담을 하는 것을 말한다.

차담의 사전적 의미는 '찻자리에서 나누는 대화'이다. '청담', '연어''고담''다화'라는 말도 같은 의미이다. 역사적으로는 고려 때 이규보가 쓴 글 가운데 '차담'이라고 하는 명칭이 확인되고 있으며, '청담'은 중국 육조시대 때 귀족들의 저택에서 열린 노자·장자의 글에 대해 역경을 목적으로 하는 철학적·지적 토론회에서 살펴볼 수 있다.

---

20) 맹사성과 무명선사 사이의 일화로 또는 남은선사(일본, 명치 시대)와 유명학자 사이의 일화로 유명한 이야기를 수필가 맹난자는 수채화로 풀었다.

차담에서는 일반인들 사이에서 정을 나누는 정담을 위한 자리는 '찻자리'라고 표현하고, 상담자와 내담자 사이에서 전개되는 상담 및 심리치료용 차담에서는 찻자리가 아니라 '차담자리'라고 표현한다. 찻자리는 기본적으로 정담을 나누는 자리로 동참자의 심리적 변화를 자극하거나 상대를 치유의 대상으로 삼지 않지만, 차담자리는 몸과 마음에 문제가 생긴 내담자를 대상으로 삼아 상대의 문제적 현상을 다루어 몸과 마음을 편안하게 해주는 치유의 공간을 이르는 말이다. 다시 말해 상담 및 법담이 되면 그냥 찻자리가 아니라 차담자리가 되는 것이다.

상담자리에서는 상담이 이뤄지고, 법담자리에서는 전환법이라든가, 여러 가지 선종의 기법을 가지고 상대의 변화를 유도하고 있기 때문에 '차담자리'라는 표현을 쓴다.

차담전문가는 일반적인 찻자리인지, 치유를 위한 차담자리인지를 구분하여 사용할 수 있어야 한다. 찻자리에서 일상적인 찻자리로 끝날 수도 있고, 찻자리에서 또래상담이나 내담자형 상담이 되면(반영이나, 직면, 해석까지 하게 되는 상황) 차담자리로 변할 수도 있다.

법담용 차담은 선지식과 수행자, 수행자와 수행자 사이에서 탁마의 자리로 이뤄지는 자리를 말한다. 스승이 제자를 지도하거나 수행자끼리의 점검 등이 모두 법담용 차담자리에 들어간다.

정리해 보면 차담은 상황과 대상과 목적 즉 용도에 따라 정담용 차담, 상담용 차담, 법담용 차담으로 구분 할 수 있다.

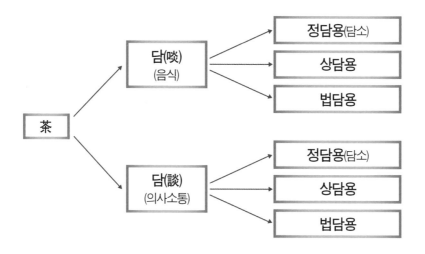

[그림 3-21] 차담의 용도별 구분

그런데 여기서 한 가지 간과하면 안 되는 점이 있다. 모든 차담 상황은 명상적이어야 한다는 점이다. 차담을 한다고 하면서 알아차림 없이 이야기만 쏟아놓게 되면 시간만 허비했다는 후회와 짝하게 된다. 그러나 자신이 하고 있는 이야기를 알아차림하면서 차담을 진행하다 보면 자연스럽게 심리적 안정이 도모되고, 털어놓기의 효과로 심리적 고통이 상당 부분 해소되었음을 자각하게 된다. 명상적 차담을 하다 보면 나와 상대를 알아차리면서 대화하는 가운데 차담 시간이 속상한 사람들의 속이 풀리는 차상담의 시간으로 대치되고 있음을 깨닫게 된다.

3. 차담 치유의 실제

● 차담에서는 차담전문가의 치유 능력을 함양하기 위해 차 관련 매체를 통해 맘현상을 발현[現行]시켜, 그것을 명상적으로 잘 관찰하도록 훈련시키고 있다. 이 훈련 과정을 통해 부정적인 현상들은 방하착하거나

적절히 놓게 만들고(Let Go 시키기), 긍정적인 현상들은 활성화하고 유지시켜서, 삶을 제대로 살 수 있도록 하고 있다. 형색을 가진 모든 것들이 매체인 관계로 차담전문가가 다양한 매체를 활용해서 내담자의 몸과 마음에 일련의 현상을 촉진시키기만 해도 내담자에게는 큰 도움이 된다. 그러나 어떤 것이 촉진된 내용인지 반영해 주는 것은 훈련을 통해서만 가능하다. 바로 그 훈련 과정에 대한 이야기를 지금부터 다루어 보고자 한다.

1) 차담의 심리치유적 요인

● 여유로움에 차를 내고 소화력이 뛰어난 사람만이 할 수 있다는 '귀 기울여 듣기'를 하다보면 흔들리는 찻잔 속으로 이야기하는 대상의 마음이 투사되어 들어오곤 한다. 삶 속에서 앙금처럼 남아 있던, 미처 해소하지 못한 과제들이 차를 매개로 너무도 자연스럽게 고개를 들고 모습을 드러내는 것이다.

특히 차담에서 강조되는 귀 기울여 듣기로서의 '경청'은 '以聽得心'의 효과를 가져오는 중요한 치유적 요인의 하나이다. 잘 들으면 내담자의 마음의 반응을 알 수 있으며 결국에는 그 사람의 신뢰감 즉 마음을 얻게 된다.

차담자리의 구조적 특징에 의해, 본인들이 마주하기 어려워 직면하지 못했던 영상들이 무장 해제되고, 명상적 대화를 통해 하나둘 꺼내어지는 과정이 이어지면, 몸속에서 또아리를 틀고 있던 맘속 문제들이 조금씩 풀리게 된다.

차담을 나누다 보면 자기 안의 먼지를 터는 '털어놓기'를 통해 조금씩 밝은 모습으로 변해가는 사람들의 얼굴 표정을 확인하게 된다. 이를 통해 부정적 감정을 풀고 고정관념의 틀을 깨려고 하는 속성은 인간이면 누구나 다 가지고 있다는 생각을 자연스레 하게 된다.

2) 차담의 치유과제

• 먼저 훼손된 욕구와 부정적 감정, 그리고 고장난 사고 등의 심리적 습관을 비롯하여 행동 습관, 언어 습관 등을 개선하는 것을 1차 치유 과제로 하고 이어서 가족을 비롯한 주변 사람들과의 '관계 개선'을 2차 치유 과제로, 그리고 이를 통해 사회에서 정상적으로 기능하고 주변의 돕는 이로 활동할 수 있도록 하는 과정을 3차 치유 과제로 설정한다.

3) 차담의 치유 단계

(1) 信回圓道 : 치유의 네 단계

차담의 치유단계인 信回圓道를 찻잔을 상징하는 도형으로 표현하면 다음과 같다.

① 신(信)의 단계 : 맘 열기

[그림 3-22] 신(信)

찻잔에 영상이 떴다. 이 영상은 마음에 '금빛 물방울'이 뜬 것으로 본래 온전한 존재로서의 '자기'를 신뢰하기 시작했다는 상징이다. 상담자와 내담자 사이의 친뢰감(친밀감과 신뢰감)을 바탕으로 내담자 자신에 대한 신뢰가 싹을 틔었다. 이 금빛 물방울은 **'금빛 씨앗'**으로도 표현될 수 있다. 황금씨앗이 생겨나는 과정인 것이다.

信의 내용은 '불, 법, 승, 계'를 그 내용으로 한다. 여기서 '계'는 지계(持戒)로서 철저하게 나와 남에 대한 문제, 즉 관계에 대한 내용이다. 다시 말해서 불, 법, 승, 그리고 나와 타인이라고 하는 5가지에 대한 신뢰를 그 내용으로 한다.

지계는 자신에 대한 신뢰와 타인에 대한 신뢰로 구성되어 있으며 둘 중 하나만 없어도 성립되지 않는다. 예를 들어 가정에서도 부모가 아이에게 무언가 지켜야 한다고 말하는 것은 아이가 지킬 수 있는 능력을 가진 존재라는 확신에 기반한 '신뢰'에서 시작되는 것이다. 또한 가정 내에서 규칙을 세우는 것도 부모 자신이 스스로 지킬 수 있다는 '자기신뢰'에서 비롯된 것이다. 이렇듯 본인과 타인을 본래 온전한 존재로 보는 안목이 '신뢰'이다. 위에서 '황금빛 물방울'은 '황금빛 씨앗'으로도 표현될 수 있다고 했는데 그것이 의미하는 바가 바로 존재의 온전함에 대한 '신뢰'이다.

이 신뢰는 또한 '정서적인 영역'에 속하기도 한다. 정서적 관점에서 이 씨앗은 '행복의 씨앗'이라고도 볼 수 있다. 왜냐하면, 처음에는 회복에 대한 확신에 서지 않은 채 왔던 내담자가 차담전문가를 만나 '나도 나을 수 있다'는 믿음을 가지게 된다면 이것은 내담자의 정서가 전환하여 나을 수 있다는 신뢰가 생겼기 때문에 행복으로 가는 씨앗이 되는 것이다. 이런 면에서 믿음은 정서적인 신뢰감일 수 있는 것이다.

역으로 내담자가 차담전문가를 보고 긍정적 역전이(순경계)가 일어나지 않거나 또는 부정적 역전이(역경계)가 일어나 치료를 거부할 수도 있다. 예를 들어, 예전에 경험했던 부정적 사건의 인물과 이미지가 비슷해서 차담자리를 피해버린다면 이런 경우에는 내담자의 마음에 긍정적 씨앗이 발화되지 않아 치유작업을 더 이상 진행할 수 없게 된다.

선종에는 큰 신뢰를 뜻하는 '大信心'이라는 표현이 있다. 대승에서는 믿음을 '공덕의 씨앗'이라고 표현한다. 그 이유가 바로 치유와 변화를 가져오기 위한 첫 걸음으로 '신뢰' 즉 '믿음'이 중요하기 때문이다.

심리치료의 핵심은 '라포형성'이다. 이것이 형성되지 못하면 치유작업은 시작해보지도 못하고 종결된다. 아무리 좋고, 유명한 사람이 심리 상담을 해준다고 해도 라포형성이 되지 못한다면 내담자는 듣지 않게 되고, 치료관계는 성립되지 못하게 된다. 앞의 언급처럼, 상담자로 나선 이의 얼굴이 내담자를 괴롭게 한 과거의 인물과 닮았다면 이미 그 치료적 관계는 이뤄지기 힘들게 되는 것이다.

어떤 경우는 객관적으로 치료관계가 되지 않을 것 같은데 내담자가 그 사람에 대해 정서적 유대감이 생겨 치유가 이뤄지는 경우도 있다. 예를 들어, 약사가 약을 주면서 '꼭 나으실 겁니다. 굉장히 치료효과가 좋은 약입니다' 라고 의례적으로 말을 한 경우라도 이 한마디에 많은 사람들이 치료효과를 보고, 입소문이 나서 더 많은 사람들이 그 약사를 찾을 수 있는 것이다. 이것은 믿음, 신뢰에 관한 문제로 감정적인 정서의 문제가 작용하기 때문이다.

앞에 예를 든 약사의 경우는 환자들이 쾌유할 수 있다는 언어적 암시를 준 것이라고 말할 수 있다. 원래 암시로 번역되는 'suggestion'이라는 용어는 '권하다'는 의미도 포함되어 있다. 차담에서는 경전에 근거하여 suggestion을 "권청"이라고 표현한다.

결론적으로 신뢰가 생기게 되면 "뫔이 열리게" 된다. 즉 심리치료에서 가장 중요한 라포가 형성되어 마음(心)과 틀(機)을 돌릴 수 있는 준비가 된 것이다.

② 회(回) : 맘 바루기

[그림 3-23] 회(回)

찻잔이 금빛 곱게 물들고 있다. 回는 본래 동그라미 두 개가 겹쳐져 있는 것이다. 멧돌은 어이의 움직임을 통해 온갖 것을 갈아낸다.

본인에게 일어난 상황이 이해되고(解), 행동이 수정되어(行), 맘은 제자리를 찾기 시작한다. 가운데 금빛의 확대는 해(解)와 행(行)이 일치되어가는 맘 바루기 과정을 의미한다.

회(回)는 돌릴 '회'자로 회심(回心, 마음의 틀 돌리기), 즉 습관적으로 움직이는 몸과 마음의 틀을 돌린다는 의미이다. 지금 자신에게 붙어 있는 잘못된 오랜 습관의 틀을 돌려 본래의 바름으로 회복하는 과정을 말한다.

선종에서는 사람의 능력을 베틀[機]에 비유하여 설명하고 있다. 세상을 만들어내는 존재 즉 순간순간을 창조하는 존재로서 주인공으로 살 수 있지만 고정관념과 매너리즘에 빠져 고정된 틀 속에서 헤어 나오지 못하고 살 수도 있다는 것이다. 심지어 고장이 나면 제대로 쓸 수도 없어 그냥 방치될 수도 있다.

이 때 틀지어진 마음의 사슬을 깨기 위해 오른쪽으로 왼쪽으로 아래로 위로 해보도록 하는 귀한 인연 즉 회기인연(回機因緣)으로서의 차담전문가를 만나면 고정관념의 틀에서 벗어나게 된다. 구체적으로 살펴보면, 인지적 차원의 해(解)와 행동적 차원의 행(行)을 합일시켜 정의적 장애인 번뇌장과 인지적 장애인 소지장을 해소해나간다. 치유 과정 속에서 고장난 사고와 부정적 감정과 훼손된 욕구가 전환되어 바른 언어와 행동으로 수정되는 경험을 통해 변화를 실감하게 된다.

그리고 몸과 맘과 말의 습관을 바꾸는 회기(回機)는 서원(결심 – 解)이 행원(결행 – 行)으로 실행될 때 폭발적으로 이루어진다.

③ 원(圓) : 맘 누리기

[그림 3-24] 원(圓)

찻잔엔 오롯이 황금 빛 만이 남아. 이곳에 나타난 황금빛 원(圓)은 '대원경지'를 뜻한다. 전식(轉識)의 과정이 완료된 '큰 둥근 거울'이다. 8식이 전환되어 "전식득지'(轉識得智, 식을 전환시켜서 지혜를 증득)한 단계이다. 치유가 되어 본래의 건강함으로 '회복'된 상태를 의미한다.

차담 치유방법론의 3번째 단계인 원(圓)은 전5식, 제6식, 제7식, 제8식을 모두 전환시켜서 지혜를 증득한 단계이다. 이것을 '전식득지'라 하고 식이 전환되어 지혜가 열린 상태이다. 여기서 '전식'은 회(回)이고, '득지'는 원(圓)을 뜻한다. 즉 전식득지의 '지'는 원(圓)을 뜻하는 것이다. 여기서 전(轉)과 득(得)은 동사이고, 식(識)과 지(智)는 명사가 된다. 식(識)을 지(智)로 바꾼 것이 바로 '올바른 회복' 즉 '깨침'인 것이다.

사성제(고집멸도)에서 고(苦)가 멸(滅)해 없어진 단계를 '이고득락' 즉 락(樂)으로 표현하고 있다. 즉, 멸(滅)이 곧 락(樂)이 되는 것이다. 여기서 멸(滅)은 공(空)한 상태이고, 이 공은 법정스님의 표현처럼 "텅 빈 충만"이라고 할 수 있다.

원(圓)은 '멸야증야(滅也證也)'라고 할 수 있다. 이 말은 탐·진·치가 없어지고 열반이 증득된 상태, 즉 지극한 행복으로 충만한 상태를 말한다. 바로 '텅 빈 충만'의 상태이다. 또한 원(圓)은 '본야락야(本也樂也)'라고 할 수도 있다. 본(本)은 선종에서의 본각(本覺)을 뜻하고 락(樂)은 대승불교의 극락을 뜻한다. 이 말은 "나의 본래 모습" 즉 고향 같은 본래 내 모습인 최상의 즐거움을 의미한다.

여기에서 한 가지 기억할 것은 치유를 경험하게 되면 본래적 자기가 회복된 상태를 충분히 "누리는 것"이 중요하다는 점이다. 치유를 마무리하고 회기의 종결하는 과정에서 전환의 순간들을 누리는 것이 매우 중요한 이유는 '본지풍광'의 경험을 통해 오래된 습기가 제거되기 때문이다.

'누리는' 것에 대한 적절한 표현은 "삼매"이다. 삼매는 사마디 즉 '고도의 집중'을 통해 얻는 삼매를 말한다. 삼매의 첫 시작은 '행복감'이다. 그 행복감으로 몸과 마음에 경안(輕安)이 열리게 된다. 그래서 이 삼매를 "행복으로 물들기"라고 표현한다. 바로 이 순간 온전히 물들어 있음을 바로 보는 통찰이 작동한다. 치유로 되찾은 고향은 삼매와 통찰이 함께하는 정혜불이(定慧不二)의 세계이다. 그 안에서 온전한 자기를 충분히 누리다 보면 자리를 털고 일어나야 할 이유가 명백해지고 삶의 선택권을 확보한 자신을 발견하게 된다.

④ 도(道) : 맘 나누기

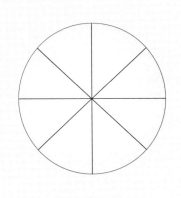

황금 빛은 사방을 비추고 온 세상이 밝아온다.
이제 회복된 본래의 능력을 다른 사람들과 나누며 살게 된다. 8정도로 회향을 하는 것이다. 대원경지가 된 상태에서 사방팔방의 다양한 사람들과 교류하면서 살아가는 깨침의 사회화를 의미한다.

[그림 3-25] 도(道)

상담치유는 회복된 상태에서 끝나는 것이 아니다. 실제 회복 되었는지 여부는 일상의 삶속에서 확인된다. 심우도의 마지막 그림을 보면 제목이 '저자에 들어가 손을 드리우다.'라고 붙어 있다. 그림의 내용을 보면 그림 속 인물이 지팡이에 큰 포대를 메고 사람들이 많은 곳을 향해 가고 있다. 여기에 등장하는 큰 포대는 중생들에게 베풀어 줄 복과 덕을 담은 포대이다. 치유적으로 보면 아픈 이들을 회복시켜줄 치료방법이 담긴 상자인 것이다. 치유 과정을 통해 회복한 이들이 그들의 길을 가는 것이 바로 이 단계이다. 회복된 이는 공동체 속에서 스스로 빛을 내고 사회적 공기의 기능을 하게 된다.

"가슴을 헤치고 맨발로 거리에 서니
흙을 바르고 먼지투성이지만 얼굴 가득 웃음
신선의 비결 쓰지 않고
바로 가르쳐 마른나무에 꽃이 피게 한다."

차담의 치유 과정을 통해 자기의 본래적 의미를 회복한 이들의 걸음은 그대로 공동체의 회복에 기여하는 큰 발자국으로 전환되게 되어 있다. 진정한 회복은 결국 '사이'에서 빛을 발하고 누구의 길도 아닌 자기의 길을 '무소의 뿔'처럼 가게 된다.

(2) 치유의 네 단계(信回圓道)와 일반 상담 단계 비교

일반적인 상담의 단계를 개관해 보면 아래와 같다.

① 라포 형성
② 문제의 본질 탐색
③ 상담목표 설정
④ 변화 시도 권유
⑤ 새로운 해결책 실천
⑥ 문제해결(상담 목표 달성)
⑦ 상담 종결
⑧ 사후 관찰/추수 효과 점검

아래의 단계는 차담의 일반적 치유의 네 단계를 나타내는 것이다.

① 신(信)
상담자에게 믿음과 신뢰가 느껴져야 자신의 이야기를 털어놓게 된다.

② 회(回)

Ⓐ 해(解)
다루고, 바꾼다. 문제에 대한 이해를 위해 적절한 해석을 해주어야 한다.

Ⓑ 행(行)
잘 못 훈습된 영향력을 완전히 바꿔 바른 행동으로 수정해야 한다. 행동변화를

위해 '문제'를 대치할 수 있는 적절한 대안을 제시하여 치유작업을 해야 한다.

③ 원(圓)

완전하게 변화, 회복된 상태를 의미하며 체득, 증득을 의미한다.

④ 도(道)

일차적으로 온전히 회복된 상태로 제대로 기능하고 사는 지 추수 효과를 점검해야 한다. 다음으로 공동체를 살리는 길에 동행하는 삶을 자각하고 실천해야 한다.

아래의 도표는 차담의 치유의 단계와 일반 상담의 단계를 비교하여 정리한 것이다.

〈도표 3-26〉 차담과 일반상담의 비교

단계	차담의 치유 단계	일반상담의 단계
①	신(信)	① 라포 형성 ② 문제의 본질 탐색 ③ 상담목표 설정
②	회(回)	④ 변화 시도 권유 ⑤ 새로운 해결책 실천
③	원(圓)	⑥ 문제해결(상담 목표 달성) ⑦ 상담 종결
④	도(道)	⑧ 사후 관찰/추수 효과 점검

여기에서 주목해야 될 점은 차담명상의 '도(道)'의 단계는 사후 추수 효과 점검 차원에서 마무리 되는 것이 아니라는 점이다. 본래의 기능을 회복한 이들은 본래의 능력을 다른 사람들과 나누며 살게 된다. 차담의 '道'는 대원경지로 모든 이들과

공감하고 다양한 사람들과 걸림 없이 교류하면서 깨침의 사회화를 실천하는 길에 들어선 단계를 의미한다. 이 점이 일반 상담 과정과 차담 과정의 대표적 차이점이다.

(2) 상담회기 구분

담(談, 이야기)의 복합적 요소인 '삶 그 자체를 의미하는 Story로서의 차담, 핵심적인 Tells로서의 차담, 실제적 대화 상황인 ~ing로서의 차담'을 모두 포함해서 치유를 도모하는 차담 치유 과정에서는 상담 회기 구분을 초담, 중담, 종담, 그리고 추수라는 용어를 써서 구분하고 있다.

① 초담

초담은 친뢰감(라포)을 형성하는 단계로 친밀감과 신뢰를 쌓는 시기이다. 이 시기에는 차담자리에 함께한 내담자를 위해 차를 내는 과정이 포함되고 이 과정 중에 자연스럽게 라포(친뢰감)를 형성하게 된다. 특히 차를 우리고 나누는 일련의 과정은 따뜻함과 편안함을 주는 시간으로 내담자들에게 기억된다. 그리고 이러한 따뜻한 차의 이미지는 연상 작용을 통해 몸과 마음의 불편함을 감소시키는 긍정적 효과를 발휘한다.

초담을 운영하는 데 있어서 몇 가지 유념해야 할 사항이 있다. 먼저 동참자가 원하는 것이 무엇인지 파악해야 한다. 차담자리를 통해서 무엇을 내담자가 얻고자 하는 지 명확하게 알아야 이야기의 진행이 가능하기 때문이다. 두 번째로 대화의 분위기를 편안하게 이끌어야 한다. 그래야 내담자가 자신의 이야기를 꺼낼 수 있게 된다. 서늘한 분위기에서는 외투를 조이는 법이다. 따뜻할 때 비로소 외투를 벗고 마음의 끈을 풀게 된다. 세 번째는 차담자리의 효과에 대해 신뢰를 갖도록 도와야 한다. 자리에 함께한 것만으로도 위안이 되는 존재가 바로 진정한 차담명상 전문가이다. 그리고 네 번째로 치유의 차원에서 내담자의 이야기를 정리해야 한다. 차담명상 전문가 스스로가 사용 가능한 치유 전략과 절차에 맞도록 내담자의 바람을 재구성해야 하는 것이다.

이와 같은 몇 가지 사항을 유념하면서 초담을 진행하면 초담의 전반적인 느낌을 통합할 수 있게 된다. 이 '통합된 느낌'을 바탕으로 차담자리의 전체적인 맥락을 잡고 앞으로 기울여야 할 노력과 문제해결의 예후 등을 점검하다 보면 초담 이후의 길이 확보된다.

② 중담

중담은 초담 단계에서 설정한 차담자리의 상담 목표를 해결하기 위한 문제해결 시도를 통해 인지적, 정서적 변화를 도모하고 이를 바탕으로 부정적 행동양식을 바른 행동양식으로 변화시키는 시기이다.

이 시기에는 문제의 해결이라는 최종 목표에 도달하기 위한 과정적 목표를 세우고 순차적으로 달성해 가는 과정을 통해 목표 해결의 가능성을 높이는 것이 중요하다. 특히 이 시기에 내담자의 '저항'문제가 등장한다는 점에 유의해야 한다. 통상 '업(業)'으로 불리는 습관은 사고, 감정, 행동 패턴을 지속하려는 속성을 의미하는데 이러한 부정적 Tells(몸, 말, 맘)를 변화시키려 할 때는 변화에 대한 저항이 발생한다. 이 때 차담자리 동참자의 저항 유발 요인에 주의하면서 당사자의 변화 동기를 고취하는 방향으로 문제해결 노력을 기울여야 한다. 이렇게 노력할 때 비로소 내담자가 원하는 방향으로 변화가 일어나 중담의 목표를 원만하게 달성하게 된다. 이와 같이 저항을 제대로 다루어 해결하는 것은 차담전문가의 중요한 과업이 된다.

③ 종담

종담은 행동수정이 된 후 종결상담이 이루어지는 단계를 말한다. 종담은 다양한 의미를 지니고 있는데 '재 경험을 통한 심리적 재구조화가 완결된 것'을 뜻하기도 하고 특수한 사정으로 차담자리를 지속할 수 없음을 의미이기도 하다.

긍정적인 의미의 종담은 문제 증상이 완화되었거나 동참자의 현실 적응력이나 성격 기능성이 향상 되었을 때를 말한다. 궁극적인 의미의 종담은 인지적·정서적 독립을 통해 상호의존적 공동체의 일원으로 우뚝 설 준비가 되었음을 뜻한다. 또한 내담자의 심리적 기저에는 통찰의 능력을 복원하여 환경의 변화에 일희일비하지 않는 자신감이 구비되어 있어야 한다.

④ **추수**

추수는 변화 상태를 잘 유지하고 있는 지 시간을 두고 확인하는 과정을 말한다. 이 단계는 자기 스스로 "회복된 능력을 발휘하면서 공동체의 일원으로 다양한 사람들과 걸림 없이 교류하면서 깨침의 사회화를 실천하는 길을 가고 있는 'Becoming'의 존재"임을 순간순간 자각하면서 사는 단계이다.

차담은 장기, 단기로 이루어질 수 있는데 단기상담으로 이루어질 때는 이 모든 과정이 한꺼번에 이루어질 수도 있다. 예를 들어 4회기로 구성된다면, 1회기는 초담이 되고, 2회기, 3회기는 중담이 되고, 4회기는 종담이 되는 것이다. 현재 관계 중심의 상담의 경우에는 단회기가 많은 편이다.

실제 차담 치유 과정을 살펴보면, 초담, 중담, 종담이 이루어지기 전에 '접수면접'을 하는 경우도 있다. 접수면접에서는 상담을 위한 시간을 협의 하거나 상담기간, 비용을 협의하고, 상담을 받고자 하는 사람에 대한 사전정보를 알아보는 단계이다. 예를 들면, 가족관계라든지, 주요하게 호소하고 있는 문제에 대한 사전 정보를 수집하는 것이다. 접수면접이 이루어지고 나서 초담, 중담,

종담의 단계를 밟아가는 것이다. 근래의 상담 기간으로는 기본적으로 8주, 12주가 있고, 단기로는 4주, 6주 그리고 장기적으로는 12주에서 그 이상의 시간을 상정한다. 상담이 이루어지는 과정에서 '신뢰성'의 문제로 상담이 중단되거나 다시 개시 될 수도 있다는 사실 또한 간과해서는 안 된다.

(4) 기법

현재 본인이 풀어야 할 문제와 관련된 내면아이나 특정인물, 또는 연관성 있는 맘현상 등을 차담자리로 초청하여 풀 것은 풀고 놓을 것은 놓는 과정에 사용되는 방법론을 차담기법이라고 한다.

① 차담자리 구조화

차담기법을 사용하는 공간을 '차담자리'라고 한다. 내담자의 변화가 일어나는 공간으로 세상의 총화인 사람과 사람의 우주적 만남의 장이란 의미로 '만다라장'이라고도 부른다. 산스크리트어 "만다라(Maṇḍala)"는 원래는 본질을 뜻하는 만달(Mandal)과 소유를 뜻하는 라(la)가 결합되어 이루어진 낱말로, "본질의 것", "본질을 소유한 것", 또는 "본질을 담고 있는 것"이라는 의미를 가지고 있으며 "법계(法界)의 온갖 덕을 갖춘 것"을 의미하기도 한다. 모든 존재가 '본래 붓다'이기에 붓다들이 만나 본래의 기능을 회복하는 현장이 바로 차담자리라는 의미에서 차담의 현장을 '만다라장'이라고 부를 수 있는 것이다.

차담자리는 세 가지 차원으로 구조화된다. 첫 번째는 상담의 현장이자 변화, 발전, 회복의 현장이라는 장소적 의미를 상징하는 만다라 장으로서의 '차담자리'이다. '여긴 어디'로 축약되는 알아차림의 첫 장이다. 다시 말해 "여기가 어디인가?"를 아는 것이 바로 차담의 시작이다. 그냥 자리에서 상담의 현장인 차담자리로 변했다는 자각이 없이는 차 매체

명상상담으로서의 차담은 성립되지 않는다. '지금 이곳'의 의미가 확보되었을 때 치유는 이미 시작된 것이다.

차담자리 구조의 두 번째 차원은 차담전문가로서의 자신의 정체성을 의미하는 만다라테이블이다. 드디어 차를 매개체로 치유적 보시와 나눔을 행할 수 있는 인드라망 테이블이 펼쳐진 것이다. 차도구들이 치유매체로 변하는 모습을 확인할 수 있는 공간이다.

마지막 세 번째 차원은 차담 과정에서 등장한 내담자의 핵심문제를 놓는 개반(차 뚜껑받침)을 상징하는 받침만다라이다. 주 호소문제에서 핵심 문제를 찾아내어 이 받침 위에 올렸을 때 비로소 내담자는 문제를 직면하게 되고 변화를 수용하기 시작한다. 이 때 차담명상 전문가는 지금 정확하게 자신의 치유적 역할을 수행하고 있는 지 점검해야 한다. '지금 뭐해'라는 자기 관찰자의 수행 덕목을 확인하는 과정을 통해 차담 내비게이션이 제대로 작동할 수 있도록 잘 챙겨야 한다. '아차'하고 놓치는 순간 핵심문제는 받침만다라 위가 아닌 곳으로 가 버리고 차담의 주제는 순식간에 길을 잃는다. 산란한 마음을 호흡으로 찾아오듯 핵심주제도 뚜껑 위에 다시 놓기를 반복하다 보면 핵심 문제는 해결되고 텅 빈 충만으로 내담자와 상담자는 하나가 되어 있다.

세 차원의 만다라로 차담자리가 구조화되면 차매체 명상상담으로서의 차담기법은 그 역할을 할 준비가 완비된 것이다.

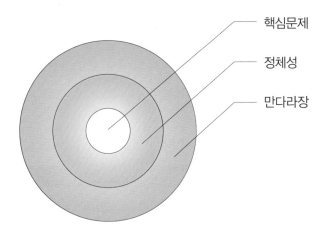

핵심문제

정체성

만다라장

[그림 3-27] 차담 만다라

② 차담자리 기법의 일반 과정

    Step 1 : 영상 열기(떠우기) – 문제파악

    Step 2 : 영상 바루기 – 문제개입 및 해소(영상의 영향력 바꾸기)

    Step 3 : 걸림 없이 살기

4. 차담명상 아카데미

      ● 차담 프로그램을 학습하는 전체 과정을 차담 명상 아카데미라고 한다. 아카데미에서 운영하는 과정으로는 육신통 과정, 육방통 과정, 마하차담 과정, 그리고 선 차담 과정 등이 있다.

5. 차담명상 레시피

● 차담명상 프로그램을 통칭하여 '차담명상 레시피'라고 한다. 아래는 프로그램들을 정리한 도표이다.

⟨표 3-28⟩ 차담명상 레시피

차담명상 레시피
통기법, STAR 기법(별처럼 듣기, 별처럼 말하기), 아에이오우 소리명상, 촛불찻잔기법, 맘진맥기법, 감정허락하기, 마음은 어디에, 마음의 빗자루, 턱휴짠기법, '나는 비록'으로 인정하고 '허락하기'로 나의 온전성 선언하기, 차담치유 극장, '타임머신'기법으로 마음의 지평 넓히기, 차담자리 기법, 물방울 호흡(적수호흡), 맘 그릇 바라보기, 행주좌와 찻잔 옮기기, 관불세심 (조견세심)의식, 행복샤워 명상, 담소내비기법

차명상학 입문서

초판 1쇄 펴냄 | 2019년 3월 2일

지 은 이 | 지운 · 선업
발 행 인 | 서화교
편 집 인 | 황용회
펴 낸 곳 | 연꽃호수

디 자 인 | 김영희
제 작 | 사단법인 한국 차명상협회

출판등록 | 2008년 3월 24일 제 2008-1호
주   소 | 경상북도 성주군 수륜면 계정리 1414-1번지
전   화 | 02-2238-4832
팩   스 | 02-2235-4835

ISBN 978-89-961321-7-2(03180)